붓다 예경

Buddha Vandana

002

Namo tassa
Bhagavato
Arahato
Sammā sambuddhassa

✸

모든 번뇌로부터 떠나시고
존귀하신 분
공양을 받을 만한 분
완전한 깨달음을 스스로 이루신
부처님께 예배합니다

|

깨어 있는 섬

|

여래향사

간다꾸띠 불전 연구원

인도네시아 기원정사

बुद्ध वंदना

붓다 예경

Buddha Vandana

깨어 있는 섬
Bodhana Dipa
간다꾸띠 불전 연구원

|

2021

다시 붓다 예경을 만들면서

붓다께서는 보리수 아래에서 위없는 깨달음을 성취하시고 사슴 동산으로 가서 다섯 명의 제자에게 최초로 법을 펼치셨습니다. 그 후 45년 동안 윤회의 언덕에서 괴로움과 불만족에서 벗어나지 못하는 중생을 위하여 많은 가르침을 베푸셨습니다. 이 가르침을 8만 4천 법문이라고 합니다. 붓다께서 45년 동안 쉼 없이 베푼 가르침은 방대하여 한두 권의 책으로 드러낼 수 없습니다.

어떤 불자들은 평생 믿음을 가지고 절에 다니고 법문을 들으면서도, 위대한 스승 붓다의 가르침이 담긴 경전은 한 구절도 제대로 읽어 보지 않습니다. 붓다의 가르침인 경전이 너무나 많고 어려워서 자신들은 감히 접근할 엄두도 내지 못한다고 말합니다. 그리고는 복을 비는 행위가 붓다의 가르침 전부인 줄 압니다. 붓다의 가르침은 어렵지 않고 쉽습니다. 어렵다고 여기는 것은 가까이하지 않기 때문입니다.

붓다는 중생들의 욕망을 들어 주는 창조신이 아닙니다. 붓다는 스스로 수행하여 깨달음을 성취해 우리에게 깨달음으로 가는 길을 가르쳐 주신 위대한 스승입니다. 우리는 붓다의 제자인 불자佛子입니다. 그렇다면 최소한 스승의 가르침이 무엇인 줄 알아야 합니다. 붓다께서 세상을 떠나신 지 오래되어 육신의 흔적이라곤 한 줌의 뼛조각인 사리만 남았습니다. 그러나 가르침이 남아 있기에 우리는 붓다를 기억하고 스승 그 분의 가르침을 따라 그 분을 닮아 가려고 합니다.

그 마음을 의식으로 엮은 것을 예경禮敬이라고 합니다. 예경 의식은 스님들만의 전유물이 되어서는 안 됩니다. 언제든지 함께 할 수 있어야 하며大衆性, 누구나 할 수 있어야 하며汎用性, 그 뜻을 쉽게 알 수 있어야 합니다. 사람이 만든 의식은 시간의 흐름과 장소에 따라 변합니다. 그러나 변치 말아야 할 것이 있습니다. 그것은 믿음의 고백과 바른 신심입니다.

조금이라도 붓다의 가르침에 가까이 가기 위하여 『붓다예경』을 2002년에 처음 엮었고, 2007년에 이를 보완한 개정판을 펴내어 널리 사용하였습니다. 그동안 실제로 곁에 두고 사용하면서 부족하다고 생각했던 것을 정리해 오다가 여러 인연이 모여 다시금 개정한 증보판을 만들게 되었습니다. 이번 예경집에서는 붓다의 초기 가르침인 경전을 많이 실어 법회마다 다른 경전을 읽을 수 있도록 하였습니다. 그리고 먼저 가신 이들을 위한 경전도 더 실었습니다. 읽기 쉽도록 뜻이 어긋나지 않는 범위 내에서 글을 다듬었습니다.

이 예경집은 최소한 스승 붓다의 가르침이 무엇이며, 무엇 때문에 스승 붓다께서 45년 동안 제자들에게 가르침을 베푸셨는지 알도록 하는 것을 목적으로 엮었습니다. 그리고 깊은 믿음을 가지고 삼보를 공경하고 예배하며 스스로 위 없는 공덕을 짓고 수행하여 깨달음을 성취하도록 인도하고자 합니다. 스승 붓다의 가르침이 이 세상에서 사라지지 않고 오래도록 바른 법으로 남아 전해지길 바라는 간절함으로 만들었습니다.

|
2021년 정월 눈 오는 날에
|
비구比丘 성찬性讚 Sopakā 손 모음

차 례

다시 붓다 예경을 만들면서		006
제1부 **예경**禮敬		**019**
1 **예경**禮敬 Vandana		020
(1) 붓다 찬탄 Namaskāra		022
(2) 삼귀의 Tisaraṇa		023
(3) 스스로 오계五戒를 지킴 Pañca Silaṁ		024
(4) 스스로 팔계八戒를 지킴 Aṭṭhaṅgika Sīlaṁ		028
2 **예불**禮佛 Tisaraṇa Vandana		032
(1) 붓다 찬탄 Namaskāra과 삼귀의 Tisaraṇa		034
(2) 삼보 예찬 Tisaraṇa Vandana		036
(3) 삼보에 대한 예배		037

↓

제2부	**경전 經典 모음**	**045**
1	**제1주**	050
(1)	붓다 최초의 가르침 경	051
	담마 짝까 숫따 Dhamma cakka sutta	
(2)	욕망을 다스리게 하는 게송	061
	상웨가 빠리끼따나 빠타 Saṁvega parikittana pāṭha	
(3)	승리 축복경	064
	자야 망갈라 숫따 Jaya maṅgala sutta	
(4)	축복의 작은 세상	068
	쭐라 망갈라 짝까왈라 Culla maṅgala cakkavāḷa	
2	**제2주**	069
(5)	무아無我의 특징 경	070
	아낫따 락카나 숫따 Anatta lakkhaṇa sutta	
(6)	축복경	081
	망갈라 숫따 Mangala sutta	
(7)	자주 회상해야 하는 다섯 가지 대상	085
	아빈하 빠짜 웨카나 빠타 Abhiṇha pacca vekkhaṇa pāṭha	
(8)	어진 벗을 찬탄하는 경	090
	밋따니 쌍싸 숫따 Mittāni saṁsa sutta	

↓

3	**제3주**	094
(9)	깨달음으로 이끄는 경	095
	보장까 숫따 Bojjhanga sutta	
(10)	사랑과 연민의 게송	102
	멧따 까타 Mettā kathā	
(11)	보배경	107
	라따나 숫따 Ratana sutta	
(12)	세 가지 법의 특징 게송	113
	띠 락카나디 가타 Ti lakkhaṇādi gāthā	
4	**제4주**	116
(13)	수행의 품	117
	바와나 빠타 Bhāvanā pāṭha	
(14)	자비경	120
	까라니야 멧따 숫따 Karaniya mettā sutta	
(15)	위대한 승리 축복 게송	122
	마하 자야 망갈라 가타 Mahā jaya maṅgala gāthā	
(16)	숨겨진 보물의 경	130
	니디 깐다 숫따 Nidhi kaṇḍda sutta	

↓

(17)	천賤한 사람 행위의 게송	134
	와쌀라 깜마 가타 Vasalla kamma gātha	

5   제5주   139

(18)	부정한 것을 닦는 품	140
	아쑤바 바와나 빠타 Asubha bhāvanā pāṭha	
(19)	여섯 곳에 예배하고 찬탄하는 품	143
	찻디싸 빠띳차다나 빠타 Chaddisā paṭicchadana pāṭhā	
(20)	아침의 경	148
	뿝반하 숫따 Pubbaṇha sutta	
(21)	애써 공양하는 게송	153
	웃딧싸나 아딧타나 가타 Uddissanā ādhiṭṭnā gāthā	

6   **먼저 가신 이와 공덕재功德齋를 위한 경**   157

(22)	죽음에 대한 주의 깊은 관찰	159
	마라나 눗싸띠 Maraṇa nussati	
(23)	담장 바깥에서의 경	161
	띠로쿳다 숫따 Tirokuḍḍa sutta	
(24)	죽음을 아는 지혜	164
	마라낫 싸띠 나야 Maraṇa ssati naya	

↓

(25)	눈물의 경	166
	앗쑤 숫따 Assu sutta	
(26)	아라까 경	173
	아라까 숫따 Araka sutta	
(27)	덧없음에 대한 알아차림	177
	아닛짜 아눗싸띠 Aniccā anussati	
(28)	산山의 비유 게송	179
	빱바또 빠마 가타 Pabbato pama gāthā	
(29)	고귀한 부귀富貴의 게송	181
	아리야 다나 가타 Ariya dhana gāthā	

제3부	**공양 발원**供養 發願 **Bhojana pūja**	183
1	**붓다께 올립니다** 佛供 **Buddhā Bhojana pūja**	184
2	먼저 가신 이에게 공덕을 나눕니다 功德齋 Ñāti-patti dāna pūja	198

↓

3	장례葬禮를 위하여 Matakiccā	217
(1)	염습斂襲과 시다림尸陀林:Sītavana	218
(2)	영결식永訣式	230
(3)	화장火葬, 매장埋葬	230
(4)	산골散骨	248

제4부 발원發願 · 참회懺悔 · 회향回向 Khamatha / anumodanā / parisā   253

1	존재들의 행복을 위한 기원慈悲觀 Mettā bhāvanā	254
2	참회 게송 Khamatha gāthā	257
(1)	수행 참회문위리야 까마타 까타 Viriya khamatha gāthā	258
(2)	일상 참회문카마타 까타 Khamatha gāthā	260
3	공덕 발원문 Puññā anumodanā gāthā	261
(1)	공덕을 함께 기뻐하고 나눔뿐냐 아누모다나 Puññā anumodanā	262
(2)	서원을 굳게 세움빳타나 Patthanā	263

↓

4	**공덕 회향송 Uddissanā dhiṭṭhāna gāthā**		264
(1)	일상 회향문 딧타나 까타 Dhiṭṭhāna gāthā		265
(2)	먼저 가신 이에게 공덕을 나누어 줌냐띠 빳띠 다나 Ñāti patti dāna		267

5	**법회 회향 Dhamma parisā gāthā**		268
(1)	자비 발원 멧따 아누모다나 Mettā anumodanā		269
(2)	공덕 회향 뿐냐 딧타나 Puññā dhiṭṭhāna		271
(3)	법회 서원 담마 빳타나 Dhamma patthanā		272

제5부 수계 受戒 Sīlayācana — 275

1 불자의 첫걸음 — 276
오계 五戒 수계 Pañca sila yācana

2 포살 布薩 Uposahta을 위하여 — 286
팔계 八戒 수계 Uposahta sila yācana

↓

제6부 성지 순례 聖地 巡禮 Dhamma yatra

1 성지 순례 법회 Dhamma yatra — 295

296

2 불교 성지와 기념일

(1) 4대 성지 四大聖地: 靈場, 靈塔 — 308
(2) 8대 영장 八大 聖地: 靈場, 靈塔 — 310
(3) 4대 정사 四大精舍: Saṅgharama, Vihara — 312
(4) 근본 8탑 根本八塔: mūla dhātu stūpa — 314
(5) 항아리 甕 탑과 재 灰 탑 — 316
(6) 붓다 사리탑을 이루는 다섯 가지 — 318
(7) 탑의 네 종류 — 319
(8) 붓다 기념일 — 320

321

편찬 후기

✧ 326

붓다 예경

제1부

예경 禮敬
Vandana

1. **예경** 禮敬
2. **예불** 禮佛

1.
예경禮敬

Vandana

---

(1)

붓다 찬탄

Namaskāra

(2)

삼귀의

Tisaraṇa

(3)

스스로 오계五戒를 지킴

Pañca Silaṁ

(4)

스스로 팔계八戒를 지킴

Aṭṭhaṅggika Sīlaṁ

✱

붓다 찬탄은 모든 초기 경전 첫머리에 있으며, 으뜸가는
존경을 나타내는 말입니다. 불자는 항상 위대한 스승 붓다를
찬탄하고 삼보三寶에 자신의 믿음을 언제나 일상적으로
고백해야 합니다. 그리고 다섯 가지 계를
지키려고 노력해야 합니다.

✱

경문을 읽는 방법에는 '편문송片文誦'과 '풍송諷誦'
'범음송梵音誦'이 있습니다. '편문송'은 책을 읽듯 또박또박
읽는 것입니다. '풍송'은 염불하듯 읽으며, '범음송'은
원음대로 읽는 것을 말합니다.

(1)
붓다 찬탄
Namaskāra

나모 따싸 바가와또 아라하또 쌈마 쌈붓다싸. [**3번**]

Namo tassa Bhagavato Arahato Sammā sambuddhassa

[뜻풀이]

모든 번뇌로부터 떠나시고, 존귀하신 분,

공양을 받을 만한 분,

완전한 깨달음을 스스로 이루신

부처님께 예배합니다.

(2)
삼귀의
Tisaraṇa

붓당 싸라낭 갓차미
Buddham saranaṁ gacchami
담망 싸라낭 갓차미
Dhammam saranaṁ gacchami
쌍강 싸라낭 갓차미
Sangham saranaṁ gacchami

두띠얌삐 붓당 싸라낭 갓차미
Dutiyampi Buddhaṁ saranam gacchami
두띠얌삐 담망 싸라낭 갓차미
Dutiyampi Dhammaṁ saranam gacchami
두띠얌삐 쌍강 싸라낭 갓차미
Dutiyampi Sanghaṁ saranam gacchami

따띠얌삐 붓당 싸라낭 갓차미

Tatiyampi Buddhaṁ saranam gacchami
따띠얌삐 담망 싸라낭 갓차미
Tatiyampi Dhammaṁ saranam gacchami
따띠얌삐 쌍강 싸라낭 갓차미
Tatiyampi Sanghṁa saranam gacchami

[뜻풀이]
저는 부처님께 귀의합니다.
저는 가르침에 귀의합니다.
저는 스님들께 귀의합니다.

두 번째로 저는 부처님께 귀의합니다.
두 번째로 저는 가르침에 귀의합니다.
두 번째로 저는 스님들께 귀의합니다.

세 번째로 저는 부처님께 귀의합니다.
세 번째로 저는 가르침에 귀의합니다.
세 번째로 저는 스님들께 귀의합니다.

(3)
스스로 오계五戒를 지킴
Pañca Silaṁ

✳

오계는 일상 생활에서 불자들이 언제나 지켜야 하는
실천 덕목입니다.
매주 정기 법회 때는 법문에 앞서
제5부에 수록한 정식 '오계 수계법' 대신 읽어도 됩니다.

불자(편문송) : 용서하여 주십시오, 용서하여 주십시오, 용서하여 주십시오. 몸으로 지은 업, 입으로 지은 업, 마음으로 지은 업, 이 세 가지로 인한 모든 허물이 사라져서, 병 없이 수명이 장수하고, 위험이나 원수가 없어지고, 좋은 선업善業의 결과만 생겨서, 이러한 이익으로 붓다佛 보배, 담마法 보배, 쌍가僧 보배라는 높고 귀한 세 가지 보배와 오늘 스님께, 지극한 마음으로 두 손 모아 교만을 없애고 존경을 다하여 합장하여 뵈옵고 예배를 올립니다. 〔**법회 때는 3배**〕

아함 빤짜 씰랑 싸마디야미

Aham Pañca Silaṁ samadiyami

① 빠나띠 빠따 웨라마니 씩카빠당 싸마디야미

   Panatī pata veramani sikkhapadaṁ samadiyami

② 아딘나 다나 웨라마니 씩카빠당 싸마디야미

   Adinna dana veramani sikkhapadaṁ samadiyami

③ 까메쑤 밋짜짜라 웨라마니 씩카빠당 싸마디야미

   Kamesu micchacara veramani sikkhapadaṁ samadiyami

④ 무싸와다 웨라마니 씩카빠당 싸마디야미

   Musavada veramani sikkhapadaṁ samadiyami

⑤ 쑤라 메라야 메짜 빠마 다타나 웨라마니 씩카빠당 싸마디야미

   Surā merayā majjā pama datthana veramani sikkhapadaṁ samadiyami

[뜻풀이]

불자(편문송) : 나는 스스로 다섯 가지 계五戒를 지키겠습니다.

① 살아 있는 생명을 해치지 않는 계를 지키겠습니다.
② 다른 이의 물건을 훔치지 않는 계를 지키겠습니다.
③ 삿된 음행淫行을 하지 않는 계를 지키겠습니다.
④ 거짓말을 하지 않는 계를 지키겠습니다.
⑤ 정신을 혼미하게 하는 약물이나 술을 먹지 않는 계를 지키겠습니다.

(4)
스스로 팔계八戒를 지킴
Aṭṭhaṅggika Sīlaṁ

*

팔계는 수행하는 동안이나 포살布薩 Uposahta **재일** 齋日**에 지키는 여덟 가지 실천 덕목입니다.**

불자(편문송) : 용서하여 주십시오, 용서하여 주십시오, 용서하여 주십시오. 몸으로 지은 업, 입으로 지은 업, 마음으로 지은 업, 이 세 가지로 인한 모든 허물이 사라져서, 병 없이 수명이 장수하고, 위험이나 원수가 없어지고, 좋은 선업의 결과만 생겨서, 이러한 이익으로 붓다佛 보배, 담마法 보배, 쌍가僧 보배라는 높고 귀한 세 가지 보배와 오늘 스님께, 지극한 마음으로 두 손 모아 교만을 없애고 존경을 다 하여 합장하여 뵈옵고 예배를 올립니다. 〔**법회 때는 3배**〕

아함 아탕기까 씰랑 싸마디야미

Aham aṭṭhanggika Silaṁ samadiyami

① 빠나띠 빠따 웨라마니 씩카빠당 싸마디야미
 Panatī pata veramani sikkhapadaṁ samadiyami

② 아딘나 다나 웨라마니 씩카빠당 싸마디야미
 Adinna dana veramani sikkhapadaṁ samadiyami

③ 아부라함마 짜리야 웨라마니 씩카빠당 싸마디야미
 Aburahma cariyā veramani sikkhapadaṁ samadi-yami

④ 무싸와다 웨라마니 씩카빠당 싸마디야미
 Musavada veramani sikkhapadaṁ samadiyami

⑤ 쑤라 메라야 메짜 빠마 다타나 웨라마니 씩카빠당 싸마디야미
 Surā merayā majjā pama datthana veramani sikkhapadaṁ samadiyami

⑥ 위깔라 보자나 웨라마니 씩카빠당 싸마디야미
 Vikala bhojana veramani sikkhapadaṁ samadiyami

⑦ 낫짜, 기따, 와디따, 위쑤카, 닷싸나, 말라간다, 위레빠나, 다라나 만다나, 위뿟싸나타나, 웨라마니 씩카빠당 싸마디야미
 Nacca gīta vādita visuka dassana mālāgandha vilepana

dhāraṇa maṇḍana vibhūsanaṭhānā veramani sikkhapadaṁ samadiyami

⑧ 우짜 싸야나 마하 싸야나 웨라마니 씩카빠당 싸마디야미.

Uccā sayana mahā sayanā veramani sikkhapadaṁ samadiyami

[뜻풀이]

불자(편문송) : 나는 스스로 여덟 가지 계를 지키겠습니다.

① 살아 있는 생명을 해치지 않는 계를 지키겠습니다.
② 다른 이의 물건을 훔치지 않는 계를 지키겠습니다.
③ 음행淫行하지 않는 계를 지키겠습니다.
④ 거짓말을 하지 않는 계를 지키겠습니다.
⑤ 정신을 혼미하게 하는 약물이나 술을 먹지 않는 계를 지키겠습니다.
⑥ 12시 이후에는 음식을 먹지 않는 계를 지키겠습니다.
⑦ 노래하고, 춤추고, 악기를 연주하거나, 일부러 가서

보거나, 듣지 않으며, 꽃을 가지고 몸을 꾸미지도 않고, 몸에 향수나 화장품을 바르지 않는 계를 지키겠습니다.

⑧ 높고 넓은 화려한 침상에 앉지도 눕지도 않는 계를 지키겠습니다.

2.
예불禮佛

Tisaraṇa Vandana

|

(1)
붓다 찬탄과 삼귀의
Namaskāra / Tisaraṇa

(2)
삼보 예찬
Tisaraṇa Vandana

(3)
삼보에 대한 예배

✷

예불은 붓다, 담마, 쌍가에 대하여 공경을 담아 몸과 입으로 자신의 진실한 믿음을 표현하는 방법입니다. 아침 예불 시간은 붓다께서 완전한 깨달음을 이루신 해 뜰 무렵에 맞추어지고, 저녁 예불은 붓다께서 첫 선정에 드신 해 질 무렵에 합니다. 아침과 저녁 예불의 형식이 서로 조금 다르게 따로 있지만, 이 책에서는 하나로 묶었습니다.

✷

경문을 읽는 방법에는 '편문송片文誦'과 '풍송諷誦' '범음송梵音誦'이 있습니다. '편문송'은 책을 읽듯 또박또박 읽는 것입니다. '풍송'은 염불하듯 읽으며, '범음송'은 원음대로 읽는 것을 말합니다.

✷

'인례引禮'는 의식을 진행하는 사람을 말합니다. 예배하는 곳에 좌종坐鐘 표시를 '◎'로 하였습니다. 인례는 예배할 때 좌종, 죽비竹篦 등으로 한 번 치면 됩니다.

(1)
붓다 찬탄과 삼귀의

Namaskāra / Tisaraṇa

✶

붓다 찬탄과 삼귀의는 뜻풀이는 생략하고 원문만 해도 됩니다.

인례(편문송) : 붓다를 찬탄하고 붓다, 담마, 쌍가에 귀의합시다.

함께(범음송) : 나모 따싸 바가와또 아라하또 쌈마 쌈붓다싸. 〔**3번**〕

〔뜻풀이〕
함께(편문송) : 모든 번뇌로부터 떠나시고,
존귀하신 분, 공양을 받을 만한 분,
완전한 깨달음을 스스로 이루신
부처님께 예배합니다.

함께(범음송) : 붓당 싸라낭 갓차미
담망 싸라낭 갓차미

쌍강 싸라낭 갓차미

두띠얌삐 붓당 싸라낭 갓차미
두띠얌삐 담망 싸라낭 갓차미
두띠얌삐 쌍강 싸라낭 갓차미

따띠얌삐 붓당 싸라낭 갓차미
따띠얌삐 담망 싸라낭 갓차미
따띠얌삐 쌍강 싸라낭 갓차미

[뜻풀이]
함께(편문송) : 저는 부처님께 귀의합니다.
저는 가르침에 귀의합니다.
저는 스님들께 귀의합니다.

두 번째로 저는 부처님께 귀의합니다.
두 번째로 저는 가르침에 귀의합니다.
두 번째로 저는 스님들께 귀의합니다.

세 번째로 저는 부처님께 귀의합니다.

세 번째로 저는 가르침에 귀의합니다.
세 번째로 저는 스님들께 귀의합니다.

(2)
삼보 예찬

Tisaraṇa Vandana

인례(편문송) : 삼보를 예배하고 찬탄합시다.

함께(편문송) :

1. 모든 번뇌로부터 떠나신 분, 존귀하신 분, 스스로 깨달음을 이루신 분, 붓다께 공양하며 으뜸가는 예배를 올립니다.

2. 존귀하신 분에 의하여 잘 선포된 위없는 담마에 공양하며 으뜸가는 예배를 올립니다.

3. 존귀하신 분에 의하여 잘 수행된 제자들인 쌍가에 공양하며 으뜸가는 예배를 올립니다.

4. 모든 번뇌로부터 떠나시고, 스스로 깨달음을 이루신 세존, 존귀하신 붓다 앞에 머리 숙여 예배 올립니다.

5. 존귀하신 분에 의하여 매우 잘 선포된 위없는 진리인 담마, 담마 앞에 머리 숙여 예배를 올립니다.

6. 존귀하신 분에 의하여 잘 수행된 제자들인 쌍가, 쌍가 앞에 머리 숙여 예배를 올립니다. 〔1배 ◎〕

(3)
삼보에 대한 예배

붓다 예찬과 예경 Buddha vandana : 열 가지 붓다의 공덕을 찬탄함

인례(편문송) : 이제 우리 모두 으뜸가는 찬탄의 게송을 붓다께 올립시다.

함께(편문송) :

1. 그 분 참으로 성스럽고 훌륭하시며 ① 이렇게 오신

분, ② 공양을 받을 만한 분, ③ 최고의 깨달음을 이루신 분, ④ 지혜와 덕을 고루 갖추신 분, ⑤ 올바른 길을 가신 분, ⑥ 세상의 모든 것을 밝게 아시는 분, ⑦ 가장 높은 자리에 오르신 분, ⑧ 사나운 사람을 잘 다스리는 분, ⑨ 신들과 인간의 위대한 스승이시며, ⑩ 깨달음을 이루어 존경을 받는 붓다.

2. 이 세상과 천상 세계, 마라魔羅 māra와 브라흐마梵天 Brāhma의 세계와, 수행자yogi들과 그들의 스승, 모든 계층의 사람들과, 세상의 지도자들과 인간들에게 이 진리를 널리 알리었으며, 최고의 지혜를 성취하여 깨닫도록 하셨습니다.

3. 그 가르치심은 시작함도 훌륭하며, 중간도 훌륭하며, 끝맺음도 훌륭함을 잘 나타내 보이셨고, 청정 범행을 닦아 가는 데 깊은 핵심과 넓은 의미를 설명하시었으며, 완전하시고 모든 것을 갖추신 위없는 붓다, 지극히 청정하신 분.

4. 저에게 다른 의지처가 없습니다. 붓다는 오직 저의

의지처. 이와 같은 진실을 말함으로 저에게 승리의 축복이 있어지이다.

5. 붓다의 먼지 묻은 발 위에 저의 이마를 대어 최상의 예를 올립니다. 만약에 제가 붓다께 잘못이 있다면 붓다시여, 저를 용서해 주십시오. 존귀하신 분께 최상의 예를 올리며 존귀하신 분께 제가 머리 숙여 예배 공경하나이다. 〔1배 ◎〕

담마 예찬과 예경 Dhamma vandana : 다섯 가지 가르침의 공덕을 찬탄함

인례(편문송) : 이제 우리 모두 으뜸가는 찬탄의 게송을 붓다께서 설하신 담마에 올립시다.

함께(편문송) :

1. 붓다에 의해서 ① 잘 설파되고 선언된 진리, ② 스스로 깨닫는 진리, ③ 조사하고 확인할 수 있는 진리, ④ 깨달음에 바르게 들어갈 수 있고, ⑤ 지혜로운 사람은 스스로 깨달을 수 있는 진리.

2. 저에게 다른 의지처가 없습니다. 담마는 오직 저의 의지처. 이와 같은 진실을 말함으로 저에게 승리의 축복이 있어지이다.

3. 비교할 수 없는 세 가지^{經律論} 담마에 저의 이마를 대어 최상의 예를 올립니다. 만약 제가 담마에 잘못이 있다면 담마여, 저의 잘못을 용서하여 주십시오.

4. 훌륭하신 담마에 최상의 예를 올리며, 훌륭하신 담마에 제가 머리 숙여 예배 공경하나이다. 〔1배 ◎〕

쌍가 예찬과 예배 Saṅgha vandana : 여덟 가지 스님들의 공덕을 찬탄함

인례(편문송) : 이제 우리 모두 붓다에 의하여 만들어진 쌍가는 반드시 귀의해야 하니 으뜸가는 찬탄의 게송을 쌍가에 올립시다.

함께(편문송) :
1. 그 분들, ① 훌륭하게 수행하는 붓다의 성스러운 제

자들 쌍가, ② 올바르게 행동하는 붓다의 성스러운 제자들 쌍가, ③ 현명하게 행동하는 붓다의 성스러운 제자들 쌍가, ④ 성실하게 수행하는 붓다의 성스러운 제자들 쌍가.

2. 이렇게 훌륭하게 수행하는 붓다의 제자들은 ⑤ 공양을 올릴 가치 있는 분들이요, ⑥ 대접해 올릴 가치 있는 분들이요, ⑦ 필요한 물품을 공급할 가치 있는 분들이요, ⑧ 존경할 가치 있는 분들로서, 이 세상에 비교할 수 없는 복을 심는 밭이기에 제가 찬탄합니다.

3. 저에게는 다른 의지처가 없습니다. 쌍가는 오직 저의 의지처, 이와 같은 진실을 말하므로 저에게 승리의 축복이 있어지이다.

4. 쌍가, 으뜸가는 계戒 sīla, 정定 samadhi, 혜慧 paññā 수행자들에게 저의 이마를 대어 최상의 예배를 올립니다. 만약 제가 쌍가에 잘못이 있다면 쌍가는 저를 용서하여 주십시오. 훌륭하신 쌍가에게 최상의 예를 올리며, 훌륭하신 쌍가에게 제가 머리 숙여 예배 공경

하나이다. 〔1배 ◎〕

삼보를 거듭 찬탄함

인례(편문송) : 다시 삼보를 예찬합시다.

함께(편문송) :
1. 청청하신 붓다의 대자비는 큰 바다와 같으시고, 지니신 지혜의 눈은 완전하게 밝으시며, 이 세상의 악업과 번뇌를 파괴하시는 분, 저는 진실로 신심을 내어 붓다를 존경하나이다.

2. 붓다의 가르침인 담마는 마치 횃불과 같아, 수행과 그에 따른 결과가 각각 다름을 밝히고, 죽음을 초월하여 이 세상 밖까지 비추었으니, 저는 진실로 신심을 내어 담마를 존경하나이다.

3. 쌍가는 무엇과도 비교할 수 없는 복밭이며, 붓다의 뒤를 이어 깨달으신 분들, 쌍가를 뵈면 평온합니다. 집

착을 파괴해 버린 지혜로운 성자들, 저는 진실로 신심을 내어 쌍가를 존경하나이다.

4. 붓다와 담마와 쌍가는 진실로 존경할 가치가 있으니 마땅히 으뜸가는 예배와 공경을 올립니다. 저의 이와 같은 예배 공경의 공덕으로 모든 장애는 제거되고 성공의 힘이 있어지이다. 〔1배 ◎〕

예불 후 경전 독송

인례(편문송) : 함께 〔064쪽 「승리 축복경」〕을 독송합시다.

수행과 개인의 원력에 따라 자신이 좋아하는 경전을 선택하여 읽어도 됩니다.

…

붓다 예경

제2부

경전經典 모음
Sutta

1. 제1주
2. 제2주
3. 제3주
4. 제4주
5. 제5주
6. 먼저 가신 이亡者와 공덕재功德齋를 위한 경

✳

불자는 언제든지 스승 붓다의 가르침인 경전 읽기를
생활화해야 합니다. 이 예경집에서는 초기 경전에서 가려
뽑아 매주 법회 때마다 다른 경전을 독송하도록 하였습니다.
일상 생활에서는 환경에 따라 적절한 선택을 하여 읽으시면
됩니다. 경전을 읽을 때는 먼저 붓다 찬탄과 삼귀의를
합니다. 붓다의 말씀인 경전은 천천히 장중하고 간절하며
뜻을 깊이 생각하고 읽습니다.

✳

경문을 읽는 방법에는 '편문송片文誦'과 '풍송諷誦'
'범음송梵音誦'이 있습니다. '편문송'은 책을 읽듯 또박또박
읽는 것입니다. '풍송'은 염불하듯 읽으며, '범음송'은
원음대로 읽는 것을 말합니다.

✳

'인례引禮'는 의식을 진행하는 사람을 말합니다.

**법회 때는 아래와 같이 인례가 시작하고,
평상시 읽을 때는 인례를 생략하고 곧바로 붓다 찬탄과 삼귀의를
시작하면 됩니다.**

인례(편문송) : 붓다와 삼보를 찬탄하고, 경전을 입 모아 읽겠습니다.

붓다 찬탄 Namaskāra

함께(범음송) : 나모 따싸 바가와또 아라하또 쌈마 쌈붓다싸. 〔3번〕

〔뜻풀이〕
함께(편문송) : 모든 번뇌로부터 떠나시고, 존귀하신 분, 공양을 받을 만한 분, 완전한 깨달음을 스스로 이루신 부처님께 예배합니다.

삼귀의 Tisaraṇa

함께(범음송) : 붓당 싸라낭 갓차미

담망 싸라낭 갓차미
쌍강 싸라낭 갓차미

두띠얌삐 붓당 싸라낭 갓차미
두띠얌삐 담망 싸라낭 갓차미
두띠얌삐 쌍강 싸라낭 갓차미

따띠얌삐 붓당 싸라낭 갓차미
따띠얌삐 담망 싸라낭 갓차미
따띠얌삐 쌍강 싸라낭 갓차미

[뜻풀이]
함께(편문송) : 저는 부처님께 귀의합니다.
저는 가르침에 귀의합니다.
저는 스님들께 귀의합니다.

두 번째로 저는 부처님께 귀의합니다.
두 번째로 저는 가르침에 귀의합니다.
두 번째로 저는 스님들께 귀의합니다.

세 번째로 저는 부처님께 귀의합니다.
세 번째로 저는 가르침에 귀의합니다.
세 번째로 저는 스님들께 귀의합니다.

1.
제1주

(1)
붓다 최초의 가르침 경
담마 짝까 숫따 Dhamma cakka sutta

(2)
욕망을 다스리게 하는 게송
상웨까 빠리끼따나 빠타 Saṁvega parikittana pāṭha

(3)
승리 축복경
자야 망갈라 숫따 Jaya maṅgala sutta

(4)
축복의 작은 세상
쭐라 망갈라 짝까왈라 Culla maṅgala cakkavāḷa

(1)
붓다 최초의 가르침 경
담마 짝까 숫따 Dhamma cakka sutta

✳

붓다께서 깨달음을 성취하신 뒤에 사슴 동산으로 가서 다시 만난 다섯 명의 수행자에게 '최초로 하신 법문(초전법륜初轉法輪)'입니다. 불교의 핵심이 되는 '네 가지 고귀한 진리(사성제四聖諦)'에 대한 가르침을 펴 보이신 경입니다.

|

1. 이와 같이 나는 들었습니다. 어느 때 세존世尊께서 바라나시Bārānasi 근처 수행자仙人yogi들이 머무는 사슴 동산鹿野園 Migadaya에 계시었습니다. 그곳에서 세존께서 다섯 명의 수행자比丘bhikkhu들에게 이렇게 말씀하시었습니다.

2. 수행자들이여! 수행자에게는 생각하고 따라가면 안

되는 두 가지 치우침極端이 있다. 무엇이 두 가지인가? 그 첫 번째 치우침은 욕망을 따라 감각적인 쾌락에 몰두하는 것이니, 이것은 열등하고 저속하며 세속적이어서 성스럽지 못하며 유익함이 없다. 다른 하나의 치우침은 고행에 몰두하는 것으로, 이것은 고통스러울 뿐 성스럽지 못하며 유익함이 없는 것이다.

3. 수행자들이여! 여래는 이 두 가지 치우침을 따르지 않았다. 여래如來가 올바르고 완전한 깨달음을 이룬 것은 치우침이 없는 **중도**中道라는 법으로 ① 눈을 뜨게 하고開眼, ② 알게 하며敎, ③ 고요하고寂定, ④ 원만한 지혜圓滿智와 ⑤ 바른 깨달음正覺과 닙바나涅槃 nibbāna로 인도하는 것이다.

4. 수행자들이여! 그렇다면 여래로 하여금 완전한 깨달음으로 법의 눈을 뜨게 하고, 알게 하며, 고요함과 원만한 지혜와 바른 깨달음과 닙바나로 이끈 중도中道라는 것은 무엇인가? 그것은 바로 **성스러운 여덟 가지 길**八正道이니, ① 바른 견해正見, ② 바른 생각正思惟, ③ 바른 언어正語, ④ 바른 행위正業, ⑤ 바른 생활正命, ⑥ 바른

노력_{正精進}, ⑦ 바른 알아차림_{正念}, ⑧ 바른 삼매_{正定}를 말한다.

5. 수행자들이여! 이것이 여래가 올바르고 완전하게 깨달은 중도로서, 법의 눈을 뜨게 하며, 알게 하고, 고요함과 원만한 지혜와 으뜸가는 지혜와 바른 깨달음과 닙바나로 인도하는 것이다.

6. 수행자들이여! 무엇이 ① **괴로움**_{苦 dukkha}**의 성스러운 진리**_{苦聖諦}인가? 태어남과 늙음과 병듦과 죽음이 괴로움이요, 미워하는 사람과 만나는 것이 괴로움이며, 사랑하는 사람과 헤어지는 것과 원하는 것을 얻지 못하는 것, 그리고 몸과 마음을 구성하는 다섯 무더기_{五蘊}에 대한 집착 자체가 괴로움이다.

7. 수행자들이여! 무엇이 ② **괴로움의 일어남에 대한 성스러운 진리**_{集聖諦}인가? 타는 듯한 심한 갈증에 물을 찾듯 일어나는 욕망_{渴愛 taṇhā}이 다시 태어남을 가져온다. 탐욕에 묶여 여기저기서 즐기는 것이다. 감각적 쾌락에 대한 욕망이 타는 갈증에 물을 찾듯 일어나는

것이 괴로움의 실제 진리이다.

8. 수행자들이여! 무엇이 ③ **괴로움의 소멸이라는 성스러운 진리**滅聖諦인가? 그것은 타는 듯한 심한 갈증에 물을 찾듯 일어나는 욕망을 남김없이 소멸하고滅, 놓아버리고捨, 벗어나고解脫, 집착하지 않는 것無着이다.

9. 수행자들이여! 무엇이 ④ **괴로움의 소멸로 인도하는 성스러운 진리**道聖諦인가? 그것은 여덟 가지 성스러운 길八正道로, ① 바른 견해正見, ② 바른 생각正思惟, ③ 바른 언어正語, ④ 바른 행위正業, ⑤ 바른 생활正命, ⑥ 바른 노력正精進, ⑦ 바른 알아차림正念, ⑧ 바른 삼매正定이다.

10. 수행자들이여! ① '이것이 괴로움의 성스러운 진리苦聖諦'라고 나는 분명하게 알았다遍知. 그러자 이전에 들어 본 적이 없는 법의 눈이 생겼으며眼生, 아는 것知生과 지혜가 생겼으며智生, 꿰뚫어 봄이 생겼고慧生, 밝게 아는 것明生이 생겼으며, 광명光生이 생겨났다.

11. '② 진실로 이 괴로움의 성스러운 진리를 철저하게

이해해야 한다'고, 나는 분명하게 알았다. 그러자 이전에는 결코 들어 본 적이 없는 법의 눈을 뜨고, 알게 하며, 고요하고, 원만한 지혜와 올바른 깨달음이 생겨났다.

12. ③ '진실로 이렇게 괴로움의 성스러운 진리를 철저하게 이해하였다'고 나는 분명하게 알았다. 그러자 이전에는 결코 들어 본 적이 없는 법의 눈이 생겼으며, 지혜가 생겼으며, 꿰뚫어 봄이 생겼고, 밝게 아는 것이 생겼으며, 광명이 생겨났다.

13. 수행자들이여! ④ '이것이 괴로움의 원인이라는 성스러운 진리'라고 나는 분명하게 알았다. 그러자 이전에는 결코 들어 본 적이 없는 법의 눈이 생겼으며, 지혜가 생겼으며, 꿰뚫어 봄이 생겼고, 밝게 아는 것이 생겼으며, 광명이 생겨났다.

14. 수행자들이여! ⑤ '진실로 괴로움의 원인인 성스러운 진리는 끊어야만 한다'라고 나는 분명하게 알았다. 그러자 이전에는 결코 들어 본 적이 없는 법의 눈

이 생겼으며, 지혜가 생겼으며, 꿰뚫어 봄이 생겼고, 밝게 아는 것이 생겼으며, 광명이 생겨났다.

15. 수행자들이여! ⑥ '진실로 괴로움의 원인인 성스러운 진리는 끊어졌다'고 나는 분명하게 알았다. 그러자 이전에는 결코 들어 본 적이 없는 법의 눈이 생겼으며, 지혜가 생겼으며, 꿰뚫어 봄이 생겼고, 밝게 아는 것이 생겼으며, 광명이 생겨났다.

16. 수행자들이여! ⑦ '이것이 괴로움의 소멸의 성스러운 진리'라고 나는 분명하게 알았다. 그러자 이전에는 결코 들어 본 적이 없는 법의 눈이 생겼으며, 지혜가 생겼으며, 꿰뚫어 봄이 생겼고, 밝게 아는 것이 생겼으며, 광명이 생겨났다.

17. 수행자들이여! ⑧ '진실로 괴로움의 소멸인 성스러운 진리를 깨달아야만 한다'고 나는 분명하게 알았다. 그러자 이전에는 결코 들어 본 적이 없는 법의 눈이 생겼으며, 지혜가 생겼으며, 꿰뚫어 봄이 생겼고, 밝게 아는 것이 생겼으며, 광명이 생겨났다.

18. 수행자들이여! ⑨ '진실로 괴로움의 소멸이라는 성스러운 진리를 깨달았다'고 나는 알았다. 그러자 이전에는 결코 들어 본 적이 없는 법의 눈이 생겼으며, 아는 것이 생겼고, 지혜가 생겼으며, 꿰뚫어 봄이 생겼고, 밝게 아는 것이 생겼으며, 광명이 생겨났다.

19. 수행자들이여! ⑩ '이것이 괴로움의 소멸로 인도하는 길道의 성스러운 진리'라고 나는 분명하게 알았다. 그러자 이전에는 결코 들어 본 적이 없는 법의 눈이 생겼으며, 지혜가 생겼으며, 꿰뚫어 봄이 생겼고, 밝게 아는 것이 생겼으며, 광명이 생겨났다.

20. 수행자들이여! ⑪ '진실로 괴로움의 소멸로 인도하는 길道의 성스러운 진리를 닦아야만 한다'고 나는 분명하게 알았다. 그러자 이전에는 결코 들어 본 적이 없는 법의 눈이 생겼으며, 지혜가 생겼으며, 꿰뚫어 봄이 생겼고, 밝게 아는 것이 생겼으며, 광명이 생겨났다.

21. 수행자들이여! ⑫ '진실로 괴로움의 소멸로 인도하

는 길道의 성스러운 진리를 수행했다.'라고 나는 분명하게 알았다. 그러자 이전에는 결코 들어 본 적이 없는 법의 눈이 생겼으며, 지혜가 생겼으며, 꿰뚫어 봄이 생겼고, 밝게 아는 것이 생겼으며, 광명이 생겨났다.

22. 수행자들이여! 네 가지 성스러운 진리에 대하여 이와 같이 ① 진리라는 지혜, ② 진리가 하는 일을 아는 지혜, ③ 진리를 실천하는 지혜라는 세 가지 측면과 열두 가지 형태로 있는 그대로 꿰뚫어 알아보지 못했기에, 수행자들이여! 다른 수행자yogi들과 브라만Brāhmaṅ과 신들, 인간들 가운데서, 위 없이 바른 깨달음을 스스로 성취했다고 선언한 적이 없었다.

23. 그러나 수행자들이여! 실로 이 네 가지 성스러운 진리에 대해 이같이 세 가지 측면과 열두 가지 형태를 있는 그대로 꿰뚫어 아는 것이 청정하게 완성되었기에, 수행자들이여! 나는 하늘 사람天人과 마라惡魔 māra와 범천梵天 세계, 사문沙門 samaṇa과 브라만과 신deva들과 인간들 가운데에서, 위 없이 바른 깨달음을 스스

로 성취했다고 선언할 수 있었다.

24. 그리하여 내게 이러한 꿰뚫어 보는 지혜가 일어났다. '나의 해탈은 확고하다. 이것이 나의 마지막 생이며, 이제 다시는 윤회하는 일이 없노라.'라고,

25. 이와 같이 세존께서 설하시었습니다. 다섯 수행자는 세존의 말씀에 마음이 충만하여 크게 기뻐하였습니다. 이렇게 상세한 가르침을 바르게 듣고 있던 꼰단냐Koṇḍañña 존자에게 '생겨난 것은 무엇이든 반드시 사라진다.'라는 티 없고 때 묻지 않는 법의 눈法眼이 생겼습니다.

26. 세존께서 법의 수레바퀴를 굴리시자, 땅에 머무는 신地神들이 한소리로 외쳤습니다. 땅에 머무는 신들 소리를 듣고, 사천왕四天王과 삼십 삼천의 신들과 야마천夜摩天 신과 도솔천兜率天 신과 화락천化樂天 신과 타화자재천他化自在天 신도 외쳤다. "붓다께서 바라나시 근처 수행자들이 머무는 사슴 동산에서 위 없는 법의 수레바퀴를 굴리셨나니, 어떤 사문이건 브라만이

든 하늘 사람이든 악마이든 범천梵天이든 이 세상의 누구에 의해서도 멈추게 할 수 없노라!"

27. 이와 같은 외침은 그 짧은 순간에 범천 세계에까지 울려 퍼져 나갔습니다. 일만 세계는 흔들리고 요동치고 강하게 진동했으며 천신들의 빛을 넘어서는 헤아릴 수 없는 넓고 큰 빛이 이 세상을 비추었습니다.

28. 바로 그때 세존께서 찬탄하여 말씀하시길, "자, 보아라! 오! 꼰단냐가 깨달았구나. 오! 꼰단냐가 깨달았구나." 그때부터 꼰단냐 존자는 '안냐 꼰단냐 Aññā Koṇḍañña'라는 이름을 얻게 되었습니다.

✧

(2)
욕망을 다스리게 하는 게송
쌍웨까 빠리끼따나 빠타 **Saṁvega parikittana pāṭha**

＊

중생들이 가지고 있는 욕망이 무엇인가를 알고, 욕망을 스스로 다스려 깨달음의 길로 인도하는 경입니다.

1. 이 세상에 태어나신 위대한 성자, 모든 번뇌로부터 떠나시고, 스스로 깨달음을 성취하신 붓다. 붓다에 의해서 설해진 진리에 따라 모든 고통에서부터 벗어나며, 마음을 고요하게 하며, 완전한 적멸寂滅 nibbāna에 이르게 하여 깨달음으로 인도됩니다.

2. 우리는 그 진리를 이같이 들어 알았습니다. 즉, ① 태어남도 고통이요, ② 늙음도 고통이요, ③ 병듦도 고통이요, ④ 죽음도 고통이며, ⑤ 슬픔과 통곡, 육체적 아픔, 절망과 좌절 또한 고통이고, ⑥ 싫어하는 것과 만

남도 고통이며, ⑦ 좋아하는 것과 헤어지는 것도 고통이며, ⑧ 자신이 원하는 것을 이루지 못하는 것도 고통입니다.

3. 짧게 말해서 다섯 가지 쌓임五蘊:色受想行識의 집착 자체가 고통이니, 그것들은 다음과 같습니다. ① 물질인 몸色에 대한 집착이요, ② 받아들이는 느낌受에 대한 집착이며, ③ 기억하고 저장하는 것想에 대한 집착이요, ④ 실제적인 행위行에 대한 집착이며, ⑤ 분별하여 아는 것識에 대한 집착입니다.

4. 붓다께서 살아 계실 때 제자들에게 이 같은 다섯 가지 쌓임의 집착에 대한 자연적 성품을 바르게 깨닫도록, 제자들에게 매우 자주 일깨워 주신 말씀은 다음과 같습니다.

5. "물질인 몸도 무상한 것이요色, 비 물질인 받아들이는 느낌도 무상한 것이며受, 기억하고 저장하는 것도 무상한 것이요想, 실제적인 행위도 무상한 것이며行, 분별하여 아는 것도 무상한 것이요識. 물질인 몸은 자아

自我가 없으며, 기억하고 저장하는 것에도 자아가 없으며, 분별하고 아는 것에도 자아는 없는 것이다.

6. 모든 현상現狀 saṅkhārā은 항상 하지 않고 허망한 것이며, 모든 법마저도 자아는 존재하지 않는다. 우리 모두 태어남과 늙음과 죽음, 그리고 슬픔과 통곡, 육체적 고통, 비탄, 탄식과 절망 그리고 압도적인 모든 고통이 항상 존재하는 것은 결정적인 사실이니라."

7. 이 엄청난 고통은 항상 우리 앞에서 기다리고 있음을 지혜롭게 알아야 합니다. 비록 붓다께서 빠리 닙바나 parinibbā 般涅槃: 세상을 떠나심에 드신 지 오래되었을지라도 우리는 그 분을 받들고, 그 분의 가르침인 담마와 제자들인 쌍가를 의지하여 지도를 받으면서,

8. 끊임없이 노력하며 붓다의 가르침을 받들고, 자신의 능력에 따라 마음집중 수행위빠사나에 최선을 다할 것입니다. 저희가 이와 같은 수행으로 모든 고통을 소멸하는 데 도움을 얻어지이다.

(3)

승리 축복경

자야 망갈라 숫따 Jaya maṅgala sutta

※

붓다께서 수행과 교화 당시에 있었던 여러 가지 사건을 슬기롭게 극복하여 승리하신 것을 축복하고, 불자들이 어려움이 닥치면 어려움을 극복할 수 있도록 가르쳐 주신 경입니다. 다른 사람을 위하여 독송하실 때에는〔 〕에 '나에게도' '나의 가족에게도' '그대에게도' 또는 축원해 주고 싶은 사람의 이름이나 호칭을 넣어 독송해도 됩니다.

|

1. 마군魔軍들이 수천 개의 손을 만들어 무장한 채 보좌를 점령하여 앉았고 '기리메 칼라 girimekhala'라는 사나운 코끼리가 무리를 지어 공격해 올 때, 붓다께서는 보시 공덕의 힘으로 그들을 굴복調伏시켜 승리하셨다. 이와 같은 축복으로〔 〕에게도 승리의 축복이 있을지어다.

2. 마군들보다 더욱 사나운 흉악한 도깨비 '알라와까 āḷavaga'가 밤을 새우며 싸움을 걸어 왔지만, 붓다께서는 인내와 자비심으로 그를 항복시켜 승리하셨다. 이와 같은 축복으로 〔   〕에게도 승리의 축복이 있을지어다.

3. 사납기로 유명한 코끼리 '날라기리 nāḷāgiri'가 술에 취해 마른 숲의 불꽃처럼 맹렬하게 쳐들어오는 것이 마치 천둥 번개 같을 때, 붓다께서 자비의 성수를 뿌려 항복 받고 승리하셨다. 이와 같은 축복으로 〔   〕에게도 승리의 축복이 있을지어다.

4. 살인마 '앙굴리 말라 aṅgulimāla'가 피 묻은 칼을 높이 들고 가까이 접근해 올 때, 붓다께서는 "멈추어라" 말씀과 함께 신통력으로 그에게 항복받고 승리하셨다. 이와 같은 축복으로 〔   〕에게도 승리의 축복이 있을지어다.

5. '찐짜야 ciñcāya' 외도外道 여인이 바가지를 배에 감고 거짓 임신으로 많은 대중 앞에서 붓다를 고발하여 비난

할 때도, 붓다께서는 고요히 침묵하셔서 그녀를 항복 받고 승리하셨다. 이와 같은 축복으로〔 〕에게도 승리의 축복이 있을지어다.

6. 교활한 '삿짜카saccaka'는 진리를 무시하고 쓸데없는 이론으로 토론을 즐기어 문답하러 왔지만, 붓다께서는 지혜의 등불을 밝혀 그를 항복 받고 승리하셨다. 이와 같은 축복으로〔 〕에게도 승리의 축복이 있을지어다.

7. 영리한 '난도 빠난다nandopananda' 독룡毒龍을, 붓다께서 으뜸가는 제자 목련에게 신통력을 나투게 하여 그를 항복 받아 승리시키셨다. 이와 같은 축복으로〔 〕에게도 승리의 축복이 있을지어다.

8. 청정하고 광명이 찬란한 하늘의 왕 '브라흐마brāhmana'의 손을 난폭한 독룡이 깨물어 고통스러워할 때, 붓다께서는 지혜의 약으로 그의 고통을 다스리게 하시었다. 이와 같은 축복으로〔 〕에게도 승리의 축복이 있을지어다.

9. 누구라도 현명한 사람은 붓다께서 승리하신 이 여덟 게송을 기억하고 신심으로 독송하면 모든 불행이 없어지고 공덕을 쌓아 깨달음의 축복이 있을 것이다.

(4)
축복의 작은 세상
쭐라 망갈라 짝까왈라 Culla maṅgala cakkavāḷa

＊

위대한 스승 붓다의 힘과 팔만 사천 담마의 힘과 승리자인 쌍가의 힘으로 질병과 괴로움이 사라지고 평온, 장수, 행복, 명예가 살아가면서 항상 늘어나길 기원하는 경입니다. 다른 사람을 위하여 경을 독송할 때는 〔　〕에 그 사람의 이름이나 호칭칭을 넣고 읽으시면 됩니다.

|

1. 모든 붓다의 힘으로, 모든 담마의 힘으로, 모든 쌍가의 힘으로,

2. 붓다 보배, 담마 보배, 쌍가 보배라는 세 가지 보배의 힘으로,

3. 팔만 사천 법문인 삼장三藏:經律論의 힘으로, 승리자인

제자들의 힘으로

4. 저〔   〕의 모든 질병이, 저〔   〕의 모든 두려움이, 저〔   〕의 모든 장애가, 저〔   〕의 모든 괴로움이, 저〔   〕의 모든 불행이, 저〔   〕의 모든 불길한 징조들이 사라질지어다.

5. 수명이 늘어나고, 재물이 늘어나고, 안락이 늘어나고, 명예가 늘어나고, 건강이 늘어나고, 아름다움이 더해지고, 언제나 행복이 더하여질지어다.

6. 고통, 질병, 두려움, 원한, 슬픔, 그리고 위험과 괴로움과 수많은 장애가 있더라도 삼보의 힘으로 부수어질지어다.

7. 그러나 승리, 성취, 재물, 이익, 안전, 행운, 안락, 건강, 큰 복, 수명 장수, 아름다운 용모와 부귀 명예는 더욱 더 늘어날지어다.

2.
제2주

(5)
무아無我의 특징 경
아낫따 락카나 숫따 Anatta lakkhaṇa sutta

(6)
축복경
망갈라 숫따 Mangala sutta

(7)
자주 회상해야 하는 다섯 가지 대상
아빈하 빠짜 웨카나 빠타 Abhiṇha pacca vekkhaṇa pāṭha

(8)
어진 벗을 찬탄하는 경
밋따니 쌍싸 숫따 Mittāni saṃsa sutta

(5)
무아無我의 특징 경
아낫따 락카나 숫따 Anatta lakkhaṇa sutta

✳

**깨달음을 성취하신 붓다께서 사슴 동산으로 가셔서 다섯
수행자에게 괴롭고 변화하며 영원한 것이 없는 것이
나我라고 가르치신 경입니다. 이것을 싫어하고 떠나고
버려야만 깨달음을 성취한다고 하는, 최초의 가르침입니다.**

|

1. 이와 같이 나는 들었습니다.
   한때에 세존世尊께서 바라나시Bārāṇsi 이씨빠따나Isipatana 에 있는 사슴 동산鹿野苑 Migadāya에 계셨습니다.

2. 그때 세존께서 다섯 명의 수행자比丘 bhikku들에게 "수행자들이여."라고 부르셨습니다. 수행자들은 "세존이시여."라고 대답하였습니다. 그러자 세존께서는 이와 같이 말씀을 시작하셨습니다.

3. 수행자들이여, '**물질인 몸**色 rūpa'은 내가 아니다. 수행자들이여, 참으로 물질인 몸이 '나我 attā'라면 물질로는 병이 들 수 없고, '나의 물질인 몸은 이렇게 되어라' '나의 물질인 몸은 이렇게 되지 말라'고 물질인 몸에 대해 말할 수 있을 것이다.

4. 수행자들이여, 그러나 물질인 몸은 내가 아니므로 이 물질인 몸으로 병이 들 수가 있고, '나의 물질인 몸은 이렇게 되어라'거나 '나의 물질인 몸은 이렇게 되지 말라'고 물질인 몸에 대해 말할 수 없다.

5. 수행자들이여, '**받아들이는 느낌**受 vedanā'은 내가 아니다. 수행자들이여, 참으로 받아들이는 느낌이 나라면 받아들이는 느낌으로는 병이 들 수 없고, '나의 받아들이는 느낌은 이렇게 되어라'거나 '나의 받아들이는 느낌은 이렇게 되지 말라'고 받아들이는 느낌에 대해 말할 수 있을 것이다.

6. 수행자들이여, 그러나 받아들이는 느낌은 내가 아니므로 받아들이는 느낌으로 병이 들 수 있고 '나의 느

낌은 이렇게 되어라'거나 '나의 받아들이는 느낌은 이렇게 되지 말라'고 받아들이는 느낌에 대해 말할 수 없다.

7. 수행자들이여, '**기억하고 저장하는 것**想 saññā'은 내가 아니다. 수행자들이여, 참으로 기억하고 저장하는 것이 나라면 기억하고 저장하는 것으로는 병이 들 수 없고, '나의 기억하고 저장하는 것은 이렇게 되어라'거나 '나의 기억하고 저장하는 것은 이렇게 되지 말라'고 기억하고 저장하는 것의 의지에 대해 말할 수 있을 것이다.

8. 수행자들이여, 그러나 기억하고 저장하는 것은 내가 아니므로 기억하고 저장하는 것으로 병이 들 수 있고, '나의 기억하고 저장하는 것은 이렇게 되어라'거나 '나의 기억하고 저장하는 것은 이렇게 되지 말라'고 기억하고 저장하는 것에 대해 말할 수 없다.

9. 수행자들이여, '**실제적인 행위**行 saṃkhārā'는 내가 아니다. 수행자들이여, 참으로 실제적인 행위가 나라면

실제적인 행위로는 병이 들 수 없고, '나의 실제적인 행위의 의지는 이렇게 되어라'거나 '나의 실제적인 행위는 이렇게 되지 말라'고 실제적인 행위에 대해 말할 수 있을 것이다.

10. 수행자들이여, 그러나 실제적인 행위는 내가 아니므로 실제적인 행위로 병이 들 수 있고, '나의 실제적인 행위는 이렇게 되어라'거나 '나의 실제적인 행위는 이렇게 되지 말라'고 실제적인 행위에 대해 말할 수 없다.

11. 수행자들이여, '**분별하여 아는 것**識 viññāṇaṃ'은 내가 아니다. 수행자들이여, 참으로 분별하여 아는 것이 나라면 분별하여 아는 것으로는 병이 들 수 없고, '나의 분별하여 아는 것은 이렇게 되어라'거나 '나의 분별하여 아는 것은 이렇게 되지 말라'고 분별하여 아는 것에 대해 말할 수 있을 것이다.

12. 수행자들이여, 분별하여 아는 것은 내가 아니므로 분별하여 아는 것으로 병이 들 수 있고, '나의 분별하

여 아는 것은 이렇게 되어라'거나 '나의 분별하고 아는 것은 이렇게 되지 말라'고 분별하여 아는 것에 대해 말할 수 없다.

13. 수행자들이여, 어떻게 생각하는가? '물질인 몸色'은 영원한 것인가, 영원하지 않은가無常?

"세존이시여, 영원하지 않습니다. 세존이시여, 괴로운 것 苦 dukkha 것입니다."

영원하지 않고 괴롭고 변화하는 것을 두고 '이것이 나의 것이고, 이것이 나이고, 이것은 나의 자아다.'라고 여기는 것은 옳은 것인가?

"세존이시여, 그렇지 않습니다."

14. 수행자들이여, 어떻게 생각하는가? '받아들이는 느낌受'은 영원한 것인가? 영원하지 않은가?

"세존이시여, 영원하지 않은 것입니다."

영원하지 않은 것은 괴로운 것인가, 즐거운 것인가?

"세존이시여, 괴로운 것입니다."

영원하지 않고 괴롭고 변화하는 것을 두고 '이것이 나의 것이고, 이것이 나이고, 이것은 나의 자아다.'

라고 여기는 것은 옳은 것인가?

"세존이시여, 그렇지 않습니다."

15. 수행자들이여, 어떻게 생각하는가? '기억하고 저장하는 것想'은 영원한 것인가? 영원하지 않은가?

"세존이시여, 영원하지 않은 것입니다."

영원하지 않은 것은 괴로운 것인가, 즐거운 것인가?

"세존이시여, 괴로운 것입니다."

영원하지 않고 괴롭고 변화하는 것을 두고 '이것이 나의 것이고, 이것이 나이고, 이것은 나의 자아다.'라고 여기는 것은 옳은 것인가?

"세존이시여, 그렇지 않습니다."

16. 수행자들이여, 어떻게 생각하는가? '실제적인 행위行'는 영원한 것인가? 영원하지 않은가?

"세존이시여, 영원하지 않은 것입니다."

영원하지 않은 것은 괴로운 것인가, 즐거운 것인가?

"세존이시여, 괴로운 것입니다."

영원하지 않고 괴롭고 변화하는 것을 두고 '이것이 나의 것이고, 이것이 나이고, 이것은 나의 자아다.'

라고 여기는 것은 옳은 것인가?

"세존이시여, 그렇지 않습니다."

17. 수행자들이여, 어떻게 생각하는가? '분별하여 아는 것識'은 영원한 것인가? 영원하지 않은 것인가?

"세존이시여, 영원하지 않은 것입니다."

영원하지 않은 것은 괴로운 것인가, 즐거운 것인가?

"세존이시여, 괴로운 것입니다."

영원하지 않고 괴롭고 변화하는 것을 두고 '이것이 나의 것이고, 이것이 나이고, 이것은 나의 자아다.'라고 여기는 것은 옳은 것인가?

"세존이시여, 그렇지 않습니다."

18. 그러므로 수행자들이여, 어떤 '물질의 몸色'이든 과거나 미래 또는 현재에 속하든, 안이든 밖이든 거칠건 미세하건, 못났건 뛰어났건, 멀리 있건 가까이 있건, 그 모든 몸은 이와 같이 있는 그대로 '이것은 나의 것이 아니고, 이것은 내가 아니고, 이것은 나의 자아가 아니다.'라고 올바른 지혜로 관찰해야 한다.

19. 그러므로 수행자들이여, 어떤 '받아들이는 느낌受'이든 과거나 미래 또는 현재에 속하든, 안이든 밖이든 거칠건 미세하건, 못났건 뛰어났건, 멀리 있건 가까이 있건, 그 모든 몸은 이와 같이 있는 그대로 '이것은 나의 것이 아니고, 이것은 내가 아니고, 이것은 나의 자아가 아니다.'라고 올바른 지혜로 관찰해야 한다.

20. 그러므로 수행자들이여, 어떤 '기억하고 저장하는 것想'이든 과거나 미래 또는 현재에 속하든, 안이든 밖이든 거칠건 미세하건, 못났건 뛰어났건, 멀리 있건 가까이 있건, 그 모든 몸은 이와 같이 있는 그대로 '이것은 나의 것이 아니고, 이것은 내가 아니고, 이것은 나의 자아가 아니다.'라고 올바른 지혜로 관찰해야 한다.

21. 그러므로 수행자들이여, 어떤 생각의 '실제적인 행위行'이든 과거나 미래 또는 현재에 속하든, 안이든 밖이든 거칠건 미세하건, 못났건 뛰어났건, 멀리 있건 가까이 있건, 그 모든 몸은 이와 같이 있는 그대로

'이것은 나의 것이 아니고, 이것은 내가 아니고, 이것은 나의 자아가 아니다.'라고 올바른 지혜로 관찰해야 한다.

22. 그러므로 수행자들이여, 어떤 '분별하고 아는 것識'이든 과거나 미래 또는 현재에 속하든, 안이든 밖이든 거칠건 미세하건, 못났건 뛰어났건, 멀리 있건 가까이 있건, 그 모든 몸은 이와 같이 있는 그대로 '이것은 나의 것이 아니고, 이것은 내가 아니고, 이것은 나의 자아가 아니다.'라고 올바른 지혜로 관찰해야 한다.

23. 수행자들이여, 이같이 보고 들은 고귀한 제자는 ① 물질인 몸色에서도 싫어하여 떠나고, ② 받아 들이는 느낌受에서도 싫어하여 떠나고, ③ 기억하고 저장하는想 것에서도 싫어하여 떠나고, ④ 실제적인 행위行에서도 싫어하여 떠나고, ⑤ 분별하여 아는 것識에서도 싫어하여 떠나니,

24. 싫어하여厭 떠나며離 사라지고滅, 사라져서滅已 해탈解

脫 vimutti하니, 해탈할 때 '해탈했다'라는 궁극적인 지혜가 생겨나서, '태어남이 사라지고 청정한 삶이 이루어진다. 해야 할 일을 다 마치고 다시는 윤회를 하지 않는다'고 분명하게 알게 된다.

25. 세존께서 이같이 말씀하시자, 다섯 명의 수행자들은 즐거워하며 세존의 가르침에 기뻐했습니다. 그리고 이와 같이 잘 나누어 설명하자 다섯 명의 수행자들의 마음은 집착이 사라져 번뇌에서 해탈했습니다.

(6)
축복경
망갈라 숫따 Mangala sutta

✻

축복을 받는 생활은 실천을 통하여 얻어지는 것임을
강조하신 경으로, 붓다께서 기원정사에 계실 때 천신들의
물음에 답하여 설해졌습니다.

|

1. 이와 같이 나는 들었습니다.
   한때 세존께서 사위성舍衛城 sāvatthi 제따바나祇陀林 jetavana 기원정사祇園精舍 anāthapiṇḍika vihara에 계실 때였습니다.

2. 그때 마침 한밤중을 지나 하늘 사람天神이 아름다운 모습으로 제따바나를 두루 비치며 세존께서 계신 곳을 찾아왔습니다.

3. 하늘 사람은 세존께 예배하고 한쪽으로 물러나서 세

존께 게송偈頌:노래으로 여쭈었습니다.

4. "많은 하늘 사람들은 행복을 소망하면서 축복에 대하여 생각하오니, 위없는 축복에 대하여 가르쳐 주소서."

5. 많은 하늘 사람과 땅의 사람들이 붓다께 여쭙기를, "어떻게 선업善業을 쌓고 지켜야 오래도록 축복받는 생활을 할 수 있습니까? 저희가 듣기를 원합니다."

6. 어리석은 사람과 사귀지 말고 지혜로운 사람과 사귀며 존경해야 할 사람을 존경하는 것, 이것이 으뜸가는 축복이니라.

7. 적당한 장소에 거주하고 착한 공덕을 힘써 행하며 올바르게 생활하는 것, 이것이 으뜸가는 축복이니라.

8. 널리 배우고 좋은 기술을 익히며, 높은 덕행으로 몸과 마음을 다스리고, 쓸데없는 말을 버리고 진실한 말만 하면, 이것이 으뜸가는 축복이니라.

9. 아버지와 어머니를 받들어 모시고 아내와 자식들을 사랑으로 보살피며, 부끄럽지 않은 안정된 직업이 있으면, 이것이 으뜸가는 축복이니라.

10. 모든 이에게 널리 베풀고 바르게 행동하며, 친척들 간에 화합하며 서로 돕고 비난받지 않게 생활하는 것, 이것이 으뜸가는 축복이니라.

12. 모든 악한 행동을 하지 않고, 술을 대할 적에는 억제하며 계五戒를 잘 지켜 자비로운 것, 이것이 으뜸가는 축복이니라.

12. 항상 겸손하고 온순하며, 매사에 감사하고 만족함을 알며, 법문을 들을 기회를 자주 가지는, 이것이 으뜸가는 축복이니라.

13. 스님들을 뵙게 되면 인내와 순종으로 공손히 예배하고 대접하며, 때에 맞추어 공부를 점검받는 것, 이것이 으뜸가는 축복이니라.

14. 마음을 잘 다스려 청정한 생활을 하며, 사성제四聖諦를 확실히 믿고, 실천 수행하여 깨달음을 얻는 것, 이것이 으뜸가는 축복이니라.

15. 아무리 복잡한 세상살이에도, 마음이 안정되어 흔들림 없고 슬픔과 탐욕심이 어디에도 없으니, 이것이 으뜸가는 축복이니라.

16. 누구라도 이와 같은 생활을 하는 사람은, 어디를 가든지 눈에 보이지 않는 보호가 있으니, 이것이 으뜸가는 축복이니라.

(7)
자주 회상해야 하는 다섯 가지 대상
아빈하 빠짜 웨카나 빠타 Abhiṇha pacca vekkhaṇa pāṭha

✳

**사람의 몸과 마음은 항상하지 않습니다. 이를 기억하고,
스스로가 업을 만들고 업을 상속하는 유일한 존재임을
자각하여 수행을 통하여 붓다의 가르침을 깨닫도록 이끄는
경입니다.**

|

1. ① 우리는 계속하여 늙음에 쫓기고 있으며 이를 저항할 자는 아무도 없다. ② 우리는 계속하여 질병에 쫓기고 있으며 이를 저항할 자는 아무도 없다. ③ 우리는 계속하여 죽음에 쫓기고 있으며 이를 저항할 자는 아무도 없다.

2. ④ 우리는 사랑하는 이들을 잃어버리고, ⑤ 가진 물건들을 뒤에 남겨 놓고 떠나게 되는 처지에 있다. 이것

이 우리가 지은 **업**業 kamma의 법이기 때문이다. 곧 우리가 ① 업을 만들었으며, ② 업의 상속자이며, ③ 업을 발생시킨 곳이며, ④ 업의 집착과 ⑤ 업의 길을 만들었기 때문이다.

3. 우리는 우리가 지어 놓은 착한 업善業이거나, 악한 업惡業이거나, 그 결과를 스스로 받아야 할 처지에 놓여 있는 것이다. 그러므로 우리는 이같은 다섯 가지를 매일 기억하고 반성하여야 한다.

4. 생명 가진 존재들은 죽음을 면치 못하며 이 세상의 생명은 죽음으로 끝나되, 자신이 익힌 행동과 공덕과 악행의 결과를 스스로 받는다. 악한 행을 한 사람은 불행한 곳에 태어나고, 공덕을 지은 사람은 행복한 곳에 태어난다. 그러므로 사람들은 착한 업을 쌓아 자신의 미래를 닦아 나아가야 한다. 선업의 공덕을 바탕으로 중생계를 벗어나기 때문이다.

5. 수명과 생명의 체온, 의식이 이 몸을 떠나 버리면 썩은 나무토막보다도 소용이 없는 것. 목동들이 소 떼를

채찍으로 몰고 목장 안으로 들어가듯, 늙음과 죽음이 중생들의 생명을 몰아간다.

6. 이 몸의 현상은 한 조각 거품이요色, 받아들이는 느낌은 하나의 물방울 같으며受, 기억하고 저장하는 것은 한 줄기 아지랑이 같고想, 실제적인 행위는 파초 나무 같으며行, 분별하고 아는 것은 마치 요술의 환상과 같다識. 이것이 여래의 가르침이다.

7. 이 법은 한 가정의 것이 아니요, 이 법은 한 마을의 것도 아니요, 이 법은 한 도시의 것도 역시 아니니, 이것은 이 세상과 천상 모두의 법이며, 그것은 **모든 것은 영원하지 않다**는 無常 anicca 법이니라.

8. 이 법은 한 가정의 것이 아니요, 이 법은 한 마을의 것도 아니요, 이 법은 한 도시의 것도 역시 아니니, 이것은 이 세상과 천상 모두의 법이며, 그것은 **모든 것은 고통**苦 dukkha이라는 법이니라.

9. 이 법은 한 가정의 것이 아니요, 이 법은 한 마을의 것

도 아니요, 이 법은 한 도시의 것도 역시 아니니, 이것은 이 세상과 천상 모두의 법이며, 그것은 **모든 것에는 '나我 attā'라는 실체가 없다는**無我 anattā 법이니라.

10. 머지않은 세월에 이 몸은 흙 위에 던져져 누워 있어, 인식마음이 사라져 버릴 때 이 몸은 썩은 나무토막보다도 소용없네. 일체 조건의 형상은 허무한 것, 생겨난 것生成은 언제나 사라지는 것消滅, 생겨나고 사라짐이 완전히 멈출 때, 그 완전히 멈춤만이 진실한 즐거움이다.

11. '도道 magga'로서는 '팔정성도八正聖道'가 가장 성스러운 것이요, 진리로서는 '사성제四聖諦'가 으뜸이며, 가르침 가운데에는 '욕망을 다스리게 하는 가르침'이 가장 뛰어나고, 두 발 가진 생명으로는 붓다가 최고 성인일세. 이것이 오직 바른 도이며, 청정의 법안에 이르는 다른 길이 없으니 반드시 이 길을 따를지니라. 그리하면 '마라mārā 번뇌'도 어찌하지 못하리라.

12. 이 한 길을 따르라. 그러면 모든 고통의 끝을 이루리

라. 나 자신도 이 길을 따라 번뇌의 가시밭길에서 벗어남을 알게 되었기에, 너희들에게 이 길을 보여 주는 것이다.

13. 너 자신이 스스로 노력하라. 여래는 다만 길을 보여 줄 뿐이다. 누구라도 마음속의 현상을 관찰하는 수행을 하면 '마라번뇌'의 얽매임에서 해탈하리라.

14. 모든 현상은 변하여 영원하지 않나니, 네가 지혜의 눈으로 이같이 본다면, 너는 고통의 현실에서 깨어날 것이니, 이것이 오직 청정한 도道 magga에 이르는 길이다.

15. 모든 생명에게는 고통이 있나니, 네가 지혜의 눈으로 이같이 본다면, 너는 고통의 현실에서 깨어날 것이니, 이것이 오직 청정한 도道 magga에 이르는 길이다.

16. 모든 법에는 '자아自我'가 존재하지 않는 것, 네가 지혜의 눈으로 이같이 본다면, 너는 고통의 현실에서

깨어날 것이니, 이것이 오직 청정한 도道 magga에 이르는 길이다.

✧

(8)
어진 벗을 찬탄하는 경
밋따니 쌍싸 숫타 **Mittāni saṃsa sutta**

✳

친구는 좋은 사람이며 좋은 사람은 어진 벗입니다. 어진 벗의 은혜에 감사하고, 배신하지 않고, 배신당하지 않기 위하여, 자신의 마음을 스스로 단속시키는 경입니다.

|

1. 우정을 배신하지 않는 사람은 자신의 집을 떠나도, 굶지 않으며 많은 사람이 의지한다.

2. 우정을 배신하지 않는 사람은 어떤 나라를 가더라도, 시골이든 도시든 모든 곳에서 공경을 받는다.

3. 우정을 배신하지 않는 사람은 억센 도둑이 폭력을 쓰지 못하고, 권력가도 무시하지 못하며, 모든 적군에게 승리한다.

4. 우정을 배신하지 않는 사람은 자신의 집에 들어와 화를 내지 않고, 사람들의 모임에 행복을 느끼고, 친척들 가운데 가장 좋은 사람이 된다.

5. 우정을 배신하지 않는 사람은 존경하고 존경을 받으며, 공경하고 공경을 받으며, 칭찬과 찬탄을 얻는다.

6. 우정을 배신하지 않는 사람은 공양을 베풀고 베풂을 받으며, 예배하고 예배를 받는다.

7. 우정을 배신하지 않는 사람은 불꽃이 빛을 내듯, 하늘사람이 빛나는 것처럼 번영이 사라지지 않는다.

8. 우정을 배신하지 않는 사람은 힘센 황소들이 태어나듯, 밭에 뿌린 씨앗이 성장하듯, 자식들이 열매를 맺게 된다.

9. 우정을 배신하지 않는 사람은 산이나 절벽이나 나무에서 떨어져 다치더라도 목숨을 잃지 않게 된다.

10. 우정을 배신하지 않는 사람은 뿌리 깊은 보리수를
바람이 흔들지 못하듯 적들이 정복하지 못한다.

3
제3주

(9)
깨달음으로 이끄는 경
보장까 숫따 Bojjhanga sutta

(10)
사랑과 연민의 게송
멧따 까타 Mettā Kathā

(11)
보배경
라따나 숫따 Ratana sutta

(12)
세 가지 법의 특징 게송
띠 락카나디 가타 Ti lakkhaṇādi gāthā

(9)
깨달음으로 이끄는 경
보장까 숫따 Bojjhanga sutta

✳

수행은 붓다의 가르침을 따르는 것입니다. 대가섭 존자가 열병을 앓고 있을 때, 붓다께서 열병의 괴로움을 알아차리고 수행을 돕는 일곱까지 깨달음의 요인을 친절하게 설명해 주신 경입니다.

|

1. 나는 이같이 들었다.
   어느 때 붓다께서 왕사성 죽림정사에 계시었다. 이때 '마하 까사빠대가섭' 존자는 삡빨라Pipphala 동굴에서 수행하고 있었으며, 심한 열병熱病으로 고통을 겪어 상당히 위독하였다.

2. 그때 붓다께서는 해질 무렵 깊은 마음 집중samādhi에서 일어나 '마하 까사빠' 존자를 방문하고, 붓다를 위하

여 미리 준비해 둔 자리에 앉으셨다.

3. 이같이 미리 준비된 자리에 앉으신 다음, 붓다께서는 '마하 까사빠' 존자에게 말씀하시길, "어떠한가? 까사빠여, 견딜 만한가? 고통을 참아 내는가? 너의 아픔이 덜하여 가느냐? 더하여 가느냐? 너의 통증에 덜하여 가는 징조라도 보이며, 더하여 가지는 않느냐?"

4. "아닙니다. 세존이시여, 저는 견디지 못합니다. 저는 참아 내기 힘이 듭니다. 고통은 대단히 심하고, 고통이 덜어지는 징조는 보이지 않습니다. 그리고 고통이 점점 더해 갑니다."

5. "까사빠여, 여기 '일곱 가지 깨달음七覺支의 요인要因'은 내가 잘 설명해 놓았으며, 내가 계발啓發하였고, 내가 자주 수행한 것이다. 그리고 그것은 완전한 지혜가 생기게 하고 사성제四聖諦의 진리와 깨달음nibbāna을 성취하도록 한다. 그 일곱 가지는 다음과 같다.

6. 까사빠여, ① '**알아차림**念sati'은 깨달음의 요인으로 내

가 잘 설명해 놓았으며, 내가 계발하였고, 내가 자주 수행한 것이다. 그리고 그것은 완전한 지혜가 생기게 하고 사성제의 진리와 깨달음을 성취하도록 한다.

7. 까사빠여, ② '**법에 대한 조사**擇法 dhamma vicaya'는 깨달음의 요인으로 내가 잘 설명해 놓았으며, 내가 계발하였고, 내가 자주 수행한 것이다. 그리고 그것은 완전한 지혜가 생기게 하고 사성제의 진리와 깨달음을 성취하도록 한다.

8. 까사빠여, 끊임없는 ③ '**노력**精進 viriya'은 깨달음의 요인으로 내가 잘 설명해 놓았으며, 내가 계발하였고, 내가 자주 수행한 것이다. 그리고 그것은 완전한 지혜가 생기게 하고 사성제의 진리와 깨달음을 성취하도록 한다.

9. 까사빠여, 기쁨과 즐거움이 가득한 ④ '**환희**喜 pīti'는 깨달음의 요인으로 내가 잘 설명해 놓았으며, 내가 계발하였고, 내가 자주 수행한 것이다. 그리고 그것은 완전한 지혜가 생기게 하고 사성제의 진리와 깨달음

을 성취하도록 한다.

10. 까사빠여, 마음이 ⑤ '**고요함**輕安 pasaddhi'은 깨달음의 요인으로 내 잘 설명해 놓았으며, 내가 계발하였고, 내가 자주 수행한 것이다. 그리고 그것은 완전한 지혜가 생기게 하고 사성제의 진리와 깨달음을 성취하도록 한다.

11. 까사빠여, ⑥ '**마음을 한 곳으로 집중하는 것**三昧 samādhi'은 깨달음의 요인으로 내가 잘 설명해 놓았으며, 내가 계발하였고, 내가 자주 수행한 것이다. 그리고 그것은 완전한 지혜가 생기게 하고 사성제의 진리와 깨달음을 성취하도록 한다.

12. 까사빠여, ⑦ '**치우치지 않는 평등한 마음**平等心 upekkha'은 깨달음의 요인으로 내가 잘 설명해 놓았으며, 내가 계발하였고, 내가 자주 수행한 것이다. 그리고 그것은 완전한 지혜가 생기게 하고 사성제의 진리와 깨달음을 성취하도록 한다.

13. 까사빠여, 여기 '일곱 가지 깨달음의 요인'은 내가 잘 설명해 놓았으며, 내가 계발하였고, 내가 자주 수행한 것이다. 그리고 그것은 완전한 지혜가 생기게 하고 사성제의 진리와 깨달음을 성취하도록 한다."

14. "세존이시여! 그것들은 확실히 깨달음의 요인이 되는 것입니다. 여래시여! 그것들은 확실히 깨달음의 요인이 되는 것입니다."

15. 붓다께서 이같이 말씀을 하시자 '마하 까사빠'의 마음은 기쁨으로 가득했고 붓다의 법문을 확신하였다. 그 이후 '마하 까사빠' 존자는 열병으로부터 건강을 회복하였으며 그 열병은 '마하 까사빠' 존자에게 사라져 버렸다.

16. 깨달음의 요인에는 ① '알아차림' ② '법에 대한 조사' ③ '노력' ④ '환희' ⑤ '고요함' ⑥ '마음을 한 곳으로 집중하는 것' ⑦ '치우치지 않는 평등한 마음'이 있다.

17. 위의 '일곱 가지 요인'은 일체를 아시는 붓다께서 잘 설명하셨고, 계발하셨으며 자주 수행하신 것으로 완전한 지혜가 생기게 하고, 사성제의 진리와 깨달음을 성취토록 한다. 이와 같은 진실을 말함으로 언제나 행복하여지이다.

18. 어느 때 붓다께서 '마하 목갈라대목련' 존자와 '마하 까사빠' 존자가 열병으로 고통을 받는 것을 보시고, '일곱 가지 깨달음의 요인'을 말씀하시니 그들에게 설법의 기쁨이 충만해지는 순간 병들이 사라지게 되었다. 이와 같은 진실을 말함으로 언제나 행복하여지이다.

19. 한때 붓다께서 열병을 앓게 되었을 때 '쭌다Cunda 장로'에게 말씀하시어 '보장가'를 자비롭게 읽도록 청하셨다. 그러자 붓다께서 매우 기뻐지고 병에서 벗어나셨다. 이와 같은 진실을 말함으로 언제나 행복하여지이다.

20. 이렇게 열병을 극복하신 세 분의 위대한 성자님들은

도道magga로써 번뇌를 다스리신 분들이며, 곧 법의 자연적인 성품에 따라 성취한 것이다. 이와 같은 진실을 말함으로 언제나 행복하여지이다.

(10)
사랑과 연민의 게송
멧따 까타 **Mettā kathā**

＊

모든 살아 있는 존재에 대한 사랑과 연민의 마음은 우주를 가득 채울 수 있습니다. 불자들이 언제나 자애의 마음으로 공덕을 닦아, 뭇 생명들과 함께 행복하게 살아가도록 가르쳐 주시는 게송입니다.

|

1. 나는 원한에서 벗어나고 고통에서 벗어나고 근심에서 벗어나길 원하오니, 내가 행복하게 나를 지키려고 합니다.

2. 나의 부모님과 스승님들, 친지들과 친구들, 그리고 청정한 삶을 함께 살아가는 이웃들, 그들도 원한에서 벗어나고 악한 마음에서 벗어나고 근심에서 벗어나길 원하오니, 그들도 행복하게 자신을 지키소서.

3. 여기 절寺院 vihāra에 있는 수행자들이여, 그들도 원한에서 벗어나고 악한 마음에서 벗어나고 근심에서 벗어나길 원하오니 그들도 행복하게 자신을 지키소서.

4. 여기 수행 도량에 있는 모든 출가 수행자들과 세속의 모든 불자佛子 buddha-putta들이여, 그들도 원한에서 벗어나고 악한 마음에서 벗어나고 근심에서 벗어나길 원하오니 그들도 행복하게 자신을 지키소서.

5. 나에게 옷과 음식, 약품과 잠잘 곳宿所을 베풀어 주는 이들이여, 그들도 원한에서 벗어나고 악한 마음에서 벗어나고 근심에서 벗어나길 원하오니 그들도 행복하게 자신을 지키소서.

6. 나를 지켜 주는 수호신들과 이 사원과 수행 도량과 제가 머무는 모든 곳을 지켜주시는 하늘 사람들이여, 그들도 원한에서 벗어나고 악한 마음에서 벗어나고 근심에서 벗어나길 원하오니 그들도 행복하게 자신을 지키소서.

7. 이런저런 중생들과 생명 지닌 생명체들, 모든 존재들, 나에 묶인 개인들, 각각으로 개체를 이루는 것과 여자들과 남자들, 고귀한 사람들과 천한 사람들, 신들과 인간들, 그리고 악처惡處:지옥, 아귀에서 사는 중생들,

8. 그들도 원한에서 벗어나고 악한 마음에서 벗어나고 근심에서 벗어나길 원하오니 그들도 행복하게 자신을 지키소서.

9. 성취하는 대로 그들이 괴로움에서 벗어나길 원하며, 성취하는 대로 업業 kamma의 주인인 것을 잊게 하지 마소서.

10. 동쪽에 살든지 서쪽에 살든지, 북쪽에 살든지 남쪽에 살든지, 남동쪽 살든지, 북서쪽에 살든지, 북동쪽에 살든지, 남서쪽에 살든지, 낮은 곳에 살든지 높은 곳에 살든지,

11. 이런저런 중생들과 생명 지닌 생명체들, 모든 존재

들, 나에 묶인 개인들, 각각으로 개체를 이루는 것과 여자들과 남자들, 고귀한 사람들과 천한 사람들, 신들과 인간들 그리고 악처(惡處)에서 사는 중생들, 그들도 원한에서 벗어나고 악한 마음에서 벗어나고 근심에서 벗어나길 원하오니 그들도 행복하게 자신을 지키소서.

13. 성취하는 대로 그들이 괴로움에서 벗어나길 원하며, 성취하는 대로 업의 주인인 것을 잊지 마소서.

13. 위로는 가장 높은 존재에서, 아래로는 아비지옥(阿鼻地獄)에 이르기까지, 모든 세상에서 땅 위에 사는 중생들은 무엇이든, 악한 마음에서 벗어나고 원한에서 벗어나며, 괴로움에서 벗어나고 모든 재난에서도 벗어나소서.

14. 위로는 가장 높은 존재에서, 아래로는 아비지옥에 이르기까지, 모든 세상에서 물속에 사는 중생들은 무엇이든, 악한 마음에서 벗어나고 원한에서 벗어나며, 괴로움에서 벗어나고 모든 재난에서도 벗어

나소서.

15. 위로는 가장 높은 존재에서, 아래로는 아비지옥에 이르기까지, 모든 세상에서 허공에 사는 중생들은 무엇이든, 악한 마음에서 벗어나고 원한에서 벗어나며, 괴로움에서 벗어나고 모든 재난에서도 벗어나소서.

(11)
보배경
라따나 숫따 Ratana sutta

✳

붓다의 자비와 지혜를 드러내고, 수행에 온 힘을 다 바치는 스님들의 소중함을 강조하여, 불자들의 소중한 귀의처이자 존경의 대상은 삼보임을 나타낸 경입니다.

|

1. 여기에 모인 중생들, 하늘 사람이거나 땅에 사는 사람이거나 항상 행복할지어다. 그리고 붓다의 가르침에 귀를 기울일지어다.

2. 중생들이여! 정신 차려서 붓다의 가르침대로 수행하여 그대들의 자비를 밤낮없이 공양하고 예배하며 사람들에게 보이고, 그들을 보호하소서.

3. 이 세상 안팎에 있는 모든 보배 가운데 완전한 깨달음

을 성취하신 붓다보다 더 거룩한 것은 없나니, **붓다**는 참으로 비교할 수 없는 보배. 이와 같은 진리에 의해서 모두 행복하여지이다.

4. 붓다는 스스로 수행을 통하여 모든 욕망을 없애고, 생사 해탈의 으뜸인 깨달음을 이루시니, **담마**는 이 세상 으뜸가는 보배. 이와 같은 진리에 의해서 모두 행복하여지이다.

5. 붓다께서 으뜸이라고 찬탄하신 것은 끊임없는 수행이며, 이 세상에 수행보다 소중한 것은 존재하지 않나니, 담마는 이 세상 으뜸가는 보배. 이와 같은 진리에 의해서 모두 행복하여지이다.

6. 붓다께서 칭찬하신 여덟 종류 성자들, 그들은 '도道 magga'와 '과果 phala'의 네 쌍으로 이루어지며, 공양 올릴 가치 있는 붓다의 제자들, 풍부한 공양 공덕을 낳는 뛰어난 성자들, **쌍가**는 이 세상 으뜸가는 보배. 이와 같은 진리에 의해서 모두 행복하여지이다.

7. 붓다의 가르침을 스스로 실천 수행하여 안정된 마음을 얻고 모든 욕망에서 벗어났으니, 이것은 당연히 이루어야 할 일. 죽음을 초월하고 '위 없는 행복닙바나'을 즐기는 훌륭한 성자들, 이와 같은 진리에 의해서 모두 행복하여지이다.

8. 땅속에 굳게 박힌 기둥처럼 멈춤住, 지킴持, 움직이지 않음不動, 튼실하다堅固는 '네 가지 바람四風'에 흔들림이 없는 이들. 이들이야말로 바른 사람들이며, 진리를 바르게 깨달은 사람들. 그러므로 쌍가는 이 세상에 으뜸가는 보배. 이와 같은 진리에 의해서 모두 행복하여지이다.

9. 붓다에 의해서 잘 설해진 성스러운 진리를 이해하여, 깊은 지혜를 갖추었으니, 그들이 설사 방일할지라도 여덟 번째의 태어남을 받지 않나니, 쌍가는 이 세상에 으뜸가는 보배. 이와 같은 진리에 의해서 모두 행복하여지이다.

10. 그들은 안으로 현상을 관찰하는 수행으로 '세 가지

삿된 견해'에서 벗어났으니, 그것은 ①'나我'라는 집착과 ② 법에 대한 의심, ③ 잘못된 종교 의식이니, 그러므로 그들은 '지옥地獄, 아귀餓鬼, 축생畜生, 아수라阿修羅 라고 하는 네 가지 악도'에서 완전하게 벗어났으며 '아버지를 죽이고殺父, 어머니를 죽이고殺母, 아라한을 죽이며殺羅漢, 붓다의 몸에 피를 흘리게 하고佛身傷, 쌍가의 화합을 깨뜨리고破和合, 다른 믿음을 따르는順異敎' 여섯 가지 큰 악행을 범하지 않는다. 이와 같은 진리에 의해서 모두 행복하여지이다.

11. 그들은 몸이나 입이나 마음으로 지은 어떠한 악행도 완전히 숨길 수 없으니, 이미 깨달음의 진리를 보았기에 그와 같은 악행을 범하기란 불가능한 것이다. 그러므로 쌍가는 이 세상에 으뜸가는 보배. 이와 같은 진리에 의해서 모두 행복하여지이다.

12. 숲속에서 자라나 피어나는 꽃들 가운데 높은 나무 위의 것이 햇빛을 먼저 받듯이, 뛰어난 붓다의 가르침은 닙바나nībbhāna:깨달음의 빠른 길로 인도해 주니, 붓다는 참으로 이 세상에서 으뜸가는 보배. 이와 같

은 진리에 의해서 모두 행복하여지이다.

13. 비교할 수 없이 훌륭하신 분, 모든 것을 다 아시는 분, 아낌없이 주시는 분, 으뜸으로 인도하시는 분, 최상의 진리를 펴 보이신 분, 붓다는 참으로 세상 으뜸가는 보배. 이와 같은 진리에 의해서 모두 행복하여지이다.

14. 그들의 과거는 소멸되었고 새로운 업은 짓지 않는다. 마음은 고요해 미래에 집착이 없고, 태어남의 욕망과 탐욕이 없다. 이처럼 어진 이는 자취 없이 떠난다. 마치 등불이 꺼지듯. 쌍가는 참으로 이 세상에 으뜸가는 보배. 이와 같은 진리에 의하여 모두 행복하여지이다.

15. 여기 모인 저희는, 하늘 사람이거나 땅에 사는 사람이거나, 모두 거룩하신 **붓다**를 지극히 존경하나이다. 이와 같은 진실을 말함으로 모두 행복하여지이다.

16. 여기 모인 저희는, 하늘 사람이거나 땅에 사는 사람이거나, 모두 위없는 **담마**를 지극히 존경하나이다. 이와 같은 진실을 말함으로 모두 행복하여지이다.

17. 여기 모인 저희는, 하늘 사람이거나 땅에 사는 사람이거나, 모두 훌륭하신 **쌍가**를 지극히 존경하나이다. 이와 같은 진실을 말함으로 모두 행복하여지이다.

(12)
세 가지 법의 특징 게송
띠 락카나디 가타 Ti lakkhaṇādi gāthā

✶

이 게송은 법의 세 가지 특징三法印에 대하여 알려 주신 노래입니다. 붓다의 가르침이 다른 가르침과 어떻게 다른지를 분명히 드러냅니다.

|

1. 조건으로 형성된 모든 것은 ① **'영원하지 않은 것**無常:anicchā**'**이라고 지혜로 본다면 괴로움에서 벗어나니 이것이 청정의 길이니라.

2. 조건으로 형성된 모든 것은 ② **'불만족스럽고 고통스러운 것**苦:dukkha**'**이라고 지혜로 본다면 괴로움에서 벗어나니 이것이 청정의 길이니라.

3. 조건으로 형성된 모든 것은 ③ **'나**我:ataṁ**'라고 할 만한**

실체가 없는 것無我:anattā이라고 지혜로 본다면 괴로움에서 벗어나니 이것이 청정의 길이니라.

4. 사람 가운데 저 언덕彼岸:깨달음으로 가는 이들은 드물고, 다른 사람들은 모두가 이 언덕此岸:윤회에서 헤매고 있노라.

5. 올바른 가르침이 설해질 때, 가르침에 따라가는 사람들은 건너기 어려운 죽음의 왕국을 건너 저 언덕에 도달하리라.

6. 지혜로운 사람은 어두운 것을 버리고 밝은 것을 닦아야 하니, 집에서 집 없는 곳으로 나와서 누리기 어려운 멀리 벗어남을 닦아야 하노라.

7. 감각적 욕망에서 벗어나 아무것도 없는 그곳에서 즐거움을 찾아야 하리라. 지혜로운 사람은 마음의 번뇌로부터 자기 자신을 깨끗하게 닦아야 하노라.

8. 깨달음의 고리로 마음을 잘 닦고 집착을 놓아 버릴

때, 집착에서 벗어남을 즐기며 번뇌에서 벗어난 고귀한 수행자들, 그들은 세상에서 완전한 열반에 들게 되노라.

4.
제4주

(13)
수행의 품
바와나 빠타 Bhāvanā pāṭha

(14)
자비경
까라니야 멧따 숫따 Karaniya mettā sutta

(15)
위대한 승리 축복 게송
마하 자야 망갈라 가타 Mahā jaya maṅgala gāthā

(16)
숨겨진 보물의 경
니디 깐다 숫따 Nidhi kaṇḍda sutta

(17)
천賤한 사람 행위의 게송
와쌀라 깜마 가타 Vasalla kamma gātha

(13)
수행의 품
바와나 빠타 **Bhāvanā pāṭha**

✳

불자에게 수행은 선택이 아니라 윤회에서 벗어나기 위한 필수적인 요소입니다. 이 경은 한때 붓다의 시자侍者**였던 '메기야**Meghiya**' 존자에게 수행에서 필요한 다섯 가지 법칙을 가르쳐 준 것입니다.**

|

1. 메기야Meghiya여, 마음에 의한 해탈이 성숙하지 않았다면 다섯 가지 원리가 성숙에 도움이 된다. 다섯 가지 법칙은 무엇인가?

2. 메기야여, 여기에서 수행자比丘 bhikkhu가 **어질고 착한 벗**, 어질고 착한 친구, 어질고 착한 동료와 사귀는 것이니,

3. 메기야여, 마음에 의한 해탈이 성숙하지 않았다면, 이것이 곧 첫 번째 법칙이 되어 곧 성숙에 도움이 되느니라.

4. 메기야여, 여기에서 수행자들이 반드시 지켜야 할 **계율**義務戒律을 받아 잘 알고 지키며, 알맞은 행동과 품위를 갖추고, 아주 작은 잘못이라도 두려움을 가져야 하며 계를 받아 배우고 지켜야 한다.

5. 메기야여, 마음에 의한 해탈이 성숙하지 않았다면 이것이 곧 두 번째 법칙이 되어 성숙에 도움이 되느니라.

6. 메기야여, 여기에서 수행자가 있으매 버리고 없애는 생활을 하며 마음을 여는 데 도움이 되고, 오직 싫어서 떠나고, 사라지고, 소멸하고, 적멸하여, 곧바로 알고, 올바르게 깨닫고, **닙바나**nibbāna**에 도움이 되는 말**을 해야 한다.

7. 예를 들자면, 욕심이 적음小慾에 관한 이야기, 만족知足

에 관한 이야기, 멀리 여읨離欲에 관한 이야기, 삿된 가르침邪見을 멀리하는 이야기, 마음 집중三昧에 관한 이야기, 지혜에 관한 이야기, 해탈에 관한 이야기, 해탈에 대한 지혜解脫知見 ñāṇa과 꿰뚫음洞察 dassana의 이야기가 있다.

8. 그 사람은 이러한 이야기를 원하는 대로 들을 수 있고, 어렵지 않게 가지며, 힘들지 않게 얻을 수 있다.

9. 메기야여, 마음에 관한 해탈이 성숙하지 않았다면 이것이 곧 세 번째 법칙이 되어 성숙에 도움이 되느니라.

10. 메기야여, 여기에서 수행자는 용맹하게 정진하니, 나쁘고 바르지 않는 법들을, 착하고 올바른 법들을 갖추기 위하여 흔들리지 않도록 굳세게 **정진**하며 그 멍에를 내려놓지 않아야 한다.

11. 메기야여, 마음에 의한 해탈이 성숙하지 않았다면, 이것이 곧 네 번째 법칙이 되어 성숙에 도움이 되느

니라.

12. 메기야여, 여기에서 수행자가 지혜로워 올바르게 괴로움이 완전하게 사라지는 것으로 이끄는 생겨남生成과 사라짐消滅에 대한 고귀한 **꿰뚫음의 지혜**를 갖추어야 한다.

13. 메기야여, 마음에 관한 해탈이 성숙하지 않았다면 이것이 곧 다섯 번째 법칙이 되어 성숙에 도움이 되느니라.

14. 그런데 메기야여, 수행자는 이러한 다섯 가지 법칙을 확립하고 네 가지 수행을 더 하여 닦아야 한다. 그것은 ① 탐욕을 없애기 위하여 **부정관**不淨觀 asubhā을 닦아야 하고, ② 화냄을 없애기 위하여 **자애관**慈愛觀 mettā을 닦아야 한다. ③ 망상을 없애기 위하여 **호흡관**呼吸觀 ānāpā을 닦아야 하고, ④ '나我'라고 하는 자만심을 없애기 위하여 **무상관**無常觀 anicca을 닦아야 한다.

15. 메기야여, '무상無常'에 관한 것을 알아서 깨달음知覺

이 이루어지면, '무아無我'에 관한 것을 알아서 깨닫게 되고, 무아에 관한 것을 알아서 깨달음이 이루어지면, '내我'가 있다는 자만이 없어지며, 지금 여기에서 닙바나nibbāna를 이루게 된다.

(14)

자비경

까라니야 멧따 숫따 **Karaniya mettā sutta**

✳

나누고 베풂으로 어려움을 극복하고, 누구나 평화롭고 행복하게 사는 방법은 '사랑과 연민慈悲**'이라고 알려 주신 경입니다.**

|

1. 누구나 착한 일을 능숙하게 실천하고, 평화로운 경지에 이르고자 한다면, 반드시 이 경을 수지 독송하라.

2. 누구나 매사에 올바르고, 정직하며, 순종적이고, 사납지 않으며, 겸손해야 한다.

3. 누구나 모든 수용에 만족함을 알며, 많은 책임은 부담 없이 받아들이며, 생활은 검소儉素하고 감각 기관을 잘 다스려, 행동은 사려 깊고 부끄러운 줄 알며 매사

에 욕심내지 않고, 가족들에게 애착이 없어야 한다.

4. 누구나 작은 허물이라도 범하지 않음으로 어진 이의 비난을 받지 않으며, 중생들이 안전하고, 행복하기를 기원하고, 중생들이 행복한 마음을 갖도록 기원하라.

5. 어떠한 생명이든 예외 없이 그것들이 약하거나 강하거나, 길거나 짧거나, 크거나 작거나, 중간이거나, 섬세하거나 거칠거나,

6. 보이거나 혹은 보이지 않거나, 가까이 살거나 멀리 살거나, 이미 태어났거나, 태어날 것에도, 중생들이 행복한 마음 갖기를 기원하라.

7. 누구라도 다른 사람을 속이지 않고, 어디서나 다른 생명을 업신여기지 않으며, 화를 내지도 않고, 원한을 품지도 않으며, 다른 생명에게 고통 있기를 바라지도 않음이,

8. 마치 홀어미가 자신의 목숨을 바쳐서 자신의 외아들

을 보호하듯이, 이같이 중생들에게도 자신의 한량없는 마음을 개발하여서, 자비심을 이 세상 중생들에게 널리 베풀어 갈지어다.

9. 위로는 하늘과 아래로는 땅속까지 일체에 걸림 없이 증오나 원한을 없게 하라.

10. 서 있거나 걷거나, 앉아 있거나 누웠거나, 혹은 언제라도 깨어있을 때는 항상 마음 집중을 개발하여서 마음이 청정함에 머물러야 하나니,

11. 계를 지킴戒行과 자신을 관찰하는 지혜가 없어도, 감각적 쾌락의 욕망을 다스릴 수 있다는 삿된 견해邪見에 떨어지지 않을 때, 다시는 윤회에 태胎 안에 들어가지 않으리라.

(15)
위대한 승리 축복 게송
마하 자야 망갈라 가타 **Mahā jaya maṅgala gāthā**

✽

삼보에 대한 믿음의 고백은 불자들에게 가장 순수한 믿음의 시작입니다. 자신의 믿음을 공개적으로 고백하는 순간 믿음은 더욱 강해집니다. 이 경은 삼보에 대한 자신의 믿음을 고백함으로 얻어지는 위대한 승리를 우리에게 알려 줍니다.

|

1. 생명 가진 존재들의 이익을 위하여 대자비를 지닌 붓다께서는 모든 것을 이루시고 위없는 깨달음을 성취하셨습니다. 이러한 진리를 고백함으로 저에게 승리의 축복이 있을지어다.

2. 보리수菩提樹 Bodhi rukkha 아래에서 승리를 거두어 '샤까족Sakka 釋迦族'에게 기쁨을 주셨습니다. 이러한 진리를

고백함으로 저에게 승리의 축복이 있을지어다.

3. '붓다' 보배에 귀의하오니 하늘 사람과 땅에 사는 사람 가운데 가장 높으시며, 으뜸가는 약초이신 붓다의 힘 있는 공덕으로, 저의 모든 재앙이 소멸하고 모든 괴로움이 사라질지어다.

4. '담마' 보배에 귀의하오니 타오르는 고통을 식혀주는 으뜸가는 약초이신 '담마'의 공덕으로, 저의 모든 재앙이 소멸하고 모든 괴로움이 사라질지어다.

5. '쌍가' 보배에 귀의하오니 타오르는 고통을 식혀주는 으뜸가는 약초이신 '쌍가'의 공덕으로, 저의 모든 재앙이 소멸하고 모든 괴로움이 사라질지어다.

6. 세상에는 많고 많은 보배가 있지만, '붓다'에게 견줄 만한 보배는 없습니다. 이렇게 고백하는 저에게 이러한 진리로 행복이 있을지어다.

7. 세상에는 많고 많은 보배가 있지만, '담마'에게 견줄

만한 보배는 없습니다. 이렇게 고백하는 저에게 이러한 진리로 행복이 있을지어다.

8. 세상에는 많고 많은 보배가 있지만, '쌍가'에게 견줄 만한 보배는 없습니다. 이렇게 고백하는 저에게 이러한 진리로 행복이 있을지어다.

9. 저에게는 다른 의지처가 없습니다. '붓다'는 오직 저의 위 없는 의지처입니다. 이렇게 믿음을 고백하는 저에게 승리의 축복이 있을지어다.

10. 저에게는 다른 의지처가 없습니다. '담마'는 오직 저의 위 없는 의지처입니다. 이렇게 믿음을 고백하는 저에게 승리의 축복이 있을지어다.

11. 저에게는 다른 의지처가 없습니다. '쌍가'는 오직 저의 위 없는 의지처입니다. 이렇게 믿음을 고백하는 저에게 승리의 축복이 있을지어다.

12. 모든 재앙이 소멸하고, 모든 질병이 사라지며, 모든

장애가 사라져, 저에게 행복한 삶이 계속되길 바랍니다.

13. 모든 행운이 함께하고, 모든 하늘 사람이 지켜 주며, '붓다'의 더없는 보살핌으로 저에게 언제나 탈 없이 무사平安하여지이다.

14. 모든 행운이 함께하고, 모든 하늘 사람이 지켜 주며, '담마'의 더없는 보살핌으로 저에게 언제나 탈 없이 무사하여지이다.

15. 모든 행운이 함께하고, 모든 하늘 사람이 지켜 주며, '쌍가'의 더없는 보살핌으로 저에게 언제나 탈 없이 무사하여지이다.

16. 별들과 야차夜叉 yakkhā와 귀신鬼神들과 악령惡靈들의 장애로부터 '위대한 승리 축복 게송'의 힘으로 저에게 모든 재앙이 사라질지어다.

17. 제때에 비가 내리고, 수확이 풍성해지며, 세상은 평

화롭고 지도자는 정의롭기를 바랍니다.

18. 붓다의 힘佛力과 연기법緣起法을 깨달은 성자님들의 힘과 닙바나nibbāna를 성취한 성자님들의 힘으로 언제든지 저를 보호하고 보살펴 주소서.

(16)
숨겨진 보물의 경
니디 깐다 숫따 **Nidhi kaṇḍda sutta**

✳

청정한 믿음과 신념이 있는 불자는 인색함이 더러운 줄 알고, 세상의 모든 재물은 아무리 잘 보관하여도 마치 물가에 숨겨 둔 것같이 사라진다고 경고를 하며, 보시와 계를 지킴 그리고 수행만이 참다운 재산이라고 가르쳐 주신 경입니다.

|

1. 어떤 사람이 물가의 깊은 구덩이에 보물을 숨겨 두면서, '언젠가 필요하거나 할 일이 생기면 나에게 도움이 될 것이다.'라고 생각하였다.

2. 세상에서 보물을 숨기는 것은 그것이 왕에게 빼앗기지 않고, 도둑을 맞을까 걱정하지 않고, 훗날 빚이나 굶주림이나 사고로부터 자신을 안전하기 지키기 위

해서이다.

3. 그러나 물가의 깊은 구덩이에 보물을 감추었다면 어떤 경우에도 그에게 도움이 되지 못한다.

4. 숨겨진 보물은 물에 떠내려갈 수도 있고, 보물이 잘못되거나, 용龍 nāga들이 멀리 옮기기도 하고, 야차夜叉 yakkhā들이 빼앗아 버리기도 한다.

5. 또는 마음에 들지 않는 상속자가 몰래 훔칠 수도 있으며, 공덕이 다할 때죽음 모든 것이 사라질 것이다.

6. 보시와 계를 지킴戒行과 자신을 다스림과 인내를 잘 간직한다면 여자에게나 남자에게나 그 보물은 잘 보존될 것이다.

7. 그리고 절寺院 vihāra이나 스님들이나 고귀한 사람이나 손님이나, 어머니와 아버지와 나이든 형제에게도 그와 같으니,

8. 그 보물은 잘 보존되어 사라지지 않고 함께 가니, 버리고 떠나더라도 그것은 가지고 가는 것이다.

9. 다른 사람들과 나눌 수 없고 도둑도 훔쳐갈 수 없는 보물이 있으니, 현명한 사람이라면 이러한 보물이 함께 하는 공덕을 지어야 한다.

10. 신들과 인간들이 원하는 모든 것과 감각적 욕망을 채워 주는 모든 보물은, 그것이 무엇이든, 오직 이 공덕으로 얻어지는 것이다.

11. 아름다운 얼굴, 좋은 목소리, 훌륭한 자태, 멋있는 모습, 통치자의 지위와 대신들의 지위도 모두 이 공덕으로 얻어지는 것이다.

12. 지방의 장관이 되거나, 제국을 통치하거나, 그리고 전륜왕의 특별한 행복이든지, 하늘나라 천신들의 왕국도 모두 이 공덕으로 얻어지는 것이다.

13. 하늘나라에서도 기쁨이 되는 인간들의 성취와 닙바

나^{nibbāna}의 성취는 모두 이 공덕으로 얻어지는 것이다.

14. 좋은 도반을 만나서 진실로 이치에 맞는 생각을 나누고, 맑은 지혜^{明知}와 해탈의 힘을 얻는 것도 모두 이 공덕으로 얻어지는 것이다.

15. 능숙한 알아차림의 깨달음이든, 어떠한 초월의 지혜이든, 홀로 연기법을 깨달은 성자이든^{緣覺}, 붓다가 계시는 땅이든 모두 이 공덕으로 얻어지는 것이다.

16. 이것이 크게 유익한 것이기에 이러한 공덕을 성취하는 것이다. 그러므로 지혜롭고 현명한 사람은 이렇게 공덕을 쌓는 것을 칭찬해야 한다.

(17)
천賤한 사람 행위의 게송
와쌀라 깜마 가타 Vasalla kamma gātha

✳

**천하고 귀함은 태어나면서 결정되는 것이 아닙니다.
살아가면서 자신의 행위에 따라 천하고 귀함이 결정됩니다.
불자들은 붓다의 가르침에 따라 행동한다면 누구나 고귀한
사람이 될 수 있음을 가르쳐 주신 경입니다.**

|

1. 화를 내고 원한을 품으며 악독하고 질투하며 생각이 잘못되어 속이길 잘한다면, 그를 천한 사람으로 알아야 한다.

2. 한 번 생겨나거나初生 두 번 생겨난 것이거나再生, 이 세상에 있는 생명을 해치고 살아 있는 생명에 자비심이 없다면, 그를 천한 사람으로 알아야 한다.

3. 마을뿐만 아니라 도시를 파괴하거나 약탈하거나 독재자로 널리 알려진다면, 그를 천한 사람으로 알아야 한다.

4. 마을에 있거나 숲에 있거나 남의 것을 나의 것이라고 하고 주지 않는 것을 빼앗는다면, 그를 천한 사람으로 알아야 한다.

5. 사실은 빚을 져 놓고 돌려 달라고 독촉을 받아도 "갚을 빚이 없다."라고 발뺌한다면, 그를 천한 사람으로 알아야 한다.

6. 얼마 안 되는 물건을 탐내어 길을 가고 있는 사람을 죽이고 그 물건을 빼앗는다면, 그를 천한 사람으로 알아야 한다.

7. 증인證人으로 나갔을 때 자신이나 다른 사람 때문에, 또는 재물 때문에 거짓 증언을 한다면, 그를 천한 사람으로 알아야 한다.

8. 폭력을 쓰거나, 또는 잘못된 사랑에 빠져 친척이나 친구의 아내와 부적절한 관계를 맺는다면, 그를 천한 사람으로 알아야 한다.

9. 자기는 재물이 풍족하면서도 나이 들고 늙은 어머니와 아버지를 모시지 않는다면, 그를 천한 사람으로 알아야 한다.

10. 어머니와 아버지, 그리고 형제나 자매, 또는 아내의 부모를 때리거나 욕을 한다면, 그를 천한 사람으로 알아야 한다.

11. 유익한 충고를 구하는데도 불리하게 가르쳐 주거나 분명하지 않게 가르쳐 준다면, 그를 천한 사람으로 알아야 한다.

12. 나쁜 일을 하고서도 자기가 한 일을 남이 모르길 바라며 그 일을 숨긴다면, 그를 천한 사람으로 알아야 한다.

13. 남의 집에 가서는 융숭한 대접을 받으면서, 자신은 손님을 접대할 줄 모른다면, 그를 천한 사람으로 알아야 한다.

14. 성직자와 수행자, 또는 다른 걸식하는 이들을 거짓말로 속인다면, 그를 천한 사람으로 알아야 한다.

15. 식사 때가 되었는데도 성직자나 수행자에게 욕을 하며 먹을 것을 주지 않는다면, 그를 천한 사람으로 알아야 한다.

16. 어리석음에 사로잡혀 사소한 물건에 욕심을 내어 세상에 진실이 아닌 것을 말한다면, 그를 천한 사람으로 알아야 한다.

17. 자신을 칭찬하고 다른 사람을 업신여기며 스스로 교만에 빠진다면, 그를 천한 사람으로 알아야 한다.

18. 남에게 화를 내고 자기만 알며, 악의적이고 인색하며, 거짓을 일삼고 부끄러움과 창피함을 모른다면,

그를 천한 사람으로 알아야 한다.

19. 고귀한 깨달음을 성취한 사람을 비방하거나 또는 출가와 재가 제자를 헐뜯는다면, 그를 천한 사람으로 알아야 한다.

20. 깨달음을 성취하지 못한 사람이 깨달았다고 주장을 한다면, 하늘의 사람을 포함하여 세상의 도둑이니, 그야말로 가장 천한 사람이라고 한다.

21. 날 때부터 천한 사람인 것이 아니고, 태어나면서부터 고귀한 사람도 아니다. 행위에 따라서 천한 사람도 되고, 행위에 따라서 고귀한 사람이 되기도 하는 것이다.

5.
제5주

(18)
부정한 것을 닦는 품
아쑤바 바와나 빠타 Asubha bhāvanā pāṭha

(19)
여섯 곳에 예배하고 찬탄하는 품
찻디싸 빠띳차다나 빠타 Chaddisā paṭicchadana pāṭhā

(20)
아침의 경
뿝반하 숫따 Pubbaṇha sutta

(21)
애써 공양하는 게송
웃딧싸나 아딧타나 가타 Uddissanā ādhiṭṭnā gāthā

⟨18⟩
부정한 것을 닦는 품
아쑤바 바와나 빠타 **Asubha bhāvanā pāṭha**

✳

몸은 아무리 깨끗하게 닦아도 냄새나고 더러운 것입니다.
이를 알게 하여, 몸에 대한 집착과 자만심을 버리고
깨달음을 위하여 노력하도록 이끄는 경입니다.

|

1. 걷거나 서 있거나, 앉거나 눕거나, 몸을 구부리거나 펴는 것, 이것을 몸의 움직임이라고 한다.

2. 몸은 뼈와 힘줄로 엮여 있고, 내 피와 살이 덧붙어 있으며 피부로 덮여, 있는 그대로 보이지 않는다.

3. 그것은 내장內臟과 위胃, 간장肝腸 덩어리, 방광膀胱, 심장心臟, 폐장肺臟, 신장腎臟, 비장脾臟으로 가득 차 있구나.

4. 그리고 점액粘液, 침唾, 땀汗, 지방脂肪, 관절액關節液, 담즙膽汁, 임파액淋巴液이 가득 차 흐르노라.

5. 그리고 아홉 구멍九竅에서는 항상 더러운 것이 나오니 그것은 눈에서는 눈꼽, 귀에서는 귀지가 나온다.

6. 코에서는 콧물이 나오고 입에서는 한꺼번에 담즙이나 가래를 토해 내고 몸에서는 땀과 때垢를 밖으로 밀어 낸다.

7. 그리고 머릿속의 빈 데는 뇌수腦髓가 차 있다. 그런데, 어리석은 사람은 무명에 이끌려 이 몸을 아름다운 것으로 여기니라.

8. 죽어서 쓰러지면 검푸르게 부어 오르고 무덤에 버려져 친척도 돌보지 않는다.

9. 개들이며 승냥이들, 늑대들과 벌레들이 파먹고, 까마귀나 독수리나 다른 벌레들이 슬어 먹어 버린다.

10. 이 세상에서 지혜로운 수행자들이 깨달은 임, 붓다의 가르침을 듣고, 그것을 분명하게 이해하는 것은, 그것을 있는 그대로 보기 때문이니라.

11. 이것이 있으면 저것도 있고, 저것이 있어 이것도 있게 된다. 안으로나 밖으로나 몸에 대한 욕망을 떠나야 한다.

12. 이 세상에서 욕망과 탐욕을 떠난 지혜로운 수행자들만 죽음에서 벗어나 깨달음, 곧 죽음까지 완전하게 소멸시켜 뛰어넘는 닙바나의 경지에 도달한다.

13. 사람의 몸뚱이는 깨끗하지 않고 악취를 풍기며, 아무리 가꾸더라도 온갖 더러운 것이 가득 차 있어 여기저기에서 흘러나오고 있다.

14. 이런 몸뚱이를 지니고 있으면서도 거만하거나 남을 업신여긴다면 눈먼 것이 아니고 무엇이겠는가?

(19)
여섯 곳에 예배하고 찬탄하는 품
찻디싸 빠띳차다나 빠타 Chaddisā paṭicchadana Pāthā

✳

**예배한다는 것은 무조건 복을 빌고 재앙을 사라지게 하려는
행위가 아닙니다. 그 뜻이 윤리적이고 상식적이어야 합니다.
이 경은 붓다께서는 싱갈라에게 예배를 통해 올바른 인간
관계를 만들고 사람답게 살아가도록 일깨워 주십니다.**

1. 장자의 아들이여, 자식은 다섯 가지 방법으로 부모를 섬겨야 한다. ① 길러 주었기에 섬기고, ② 해야 할 일을 다 하고, ③ 가문家門의 전통을 이어야 하고, ④ 상속相續한 것을 잘 받아들여야 하며, ⑤ 돌아가신 뒤에는 공덕을 지어 올려야 한다.

2. 장자의 아들이여, 이와 같이 다섯 가지 방법으로 자식에게 섬김을 받은 부모는 다섯 가지 경우로 자식들을

잘 보살펴야 한다. ① 나쁜 것에서부터 지켜 주어야 하고, ② 좋은 것은 굳세게 갖도록 하며, ③ 기술을 배우고 하고, ④ 어울리는 배우자를 맺어 주며, ⑤ 적당한 때에 유산을 받도록 해야 한다. 장자의 아들이여, 이와 같이 다섯 가지로 자식에게 섬김을 받는 부모는 다섯 가지 경우로 자식을 잘 보살펴야 한다.

3. 장자의 아들이여, 제자는 다섯 가지 방법으로 스승을 섬겨야 한다. ① 일어나 맞이하고, ② 시중을 들고, ③ 일을 이루기 위하여 정성熱意을 보이며, ④ 봉사하고, ⑤ 성실하게 가르침을 배워야 한다.

4. 장자의 아들이여, 이와 같이 다섯 가지 방법으로 제자에게 섬김을 받은 스승들도 다섯 가지 방법으로 제자들을 잘 보살펴야 한다. ① 훌륭하게 몸과 마음을 닦도록 훈련시키고, ② 잘 파악하여 이해시키고, ③ 모든 가르침을 배우도록 알려 주고, ④ 친구와 동료들을 잘 소개해 주며, ⑤ 모든 방향에서 안전하도록 해 주어야 한다. 장자의 아들이여, 이와 같이 다섯 가지로 방법으로 제자를 잘 보살펴야 한다.

5. 장자의 아들이여, 남편은 다섯 가지 방법으로 아내를 보살펴야 한다. ① 존중하고, ② 멸시하지 않으며, ③ 믿음을 저버리지 않으며, ④ 권한을 부여하고, ⑤ 장신구를 선물해야 한다.

6. 장자의 아들이여, 이와 같이 다섯 가지 방법으로 남편에게 보살핌을 받은 아내는 다섯 가지 방법으로 남편을 잘 섬겨야 한다. ① 맡은 일에 능숙하고, ② 주변 사람들에게 친절하고, ③ 믿음을 저버리지 않고, ④ 재산을 잘 지키며, ⑤ 게으르지 않아야 한다.

7. 장자의 아들이여, 훌륭한 가문의 아들은 다섯 가지 방법으로 친구들이나 동료들을 보살펴야 한다. ① 베풀 줄 알아야 하고, ② 듣기 좋은 말을 하며, ③ 이익을 주는 행위를 하며, ④ 서로 도울 줄 알며, ⑤ 정직한 말을 해야 한다.

8. 장자의 아들이여, 이와 같이 다섯 가지 방법으로 훌륭한 가문의 아들에게 보살핌을 받은 친구나 동료들도 다섯 가지 방법으로 훌륭한 가문의 아들을 섬겨야 한

다. ① 술에 취했을 때 보살펴 주고, ② 술에 취했을 때 재산을 지켜 주며, ③ 두려울 때 피난처가 되어 주며, ④ 어려움을 당하게 되면 버리지 않으며, ⑤ 그들의 자손을 존중해야 한다.

9. 장자의 아들이여, 고용주雇用主는 다섯 가지 방법으로 일꾼이나 직원들을 보살펴야 한다. ① 능력에 맞게 일을 맡기고, ② 음식과 임금賃金 급여를 제때에 나누어 주고, ③ 병이 들면 보살펴 주고, ④ 맛있는 것을 함께 나누고, ⑤ 적당한 때에 쉴 수 있도록 해 주어야 한다.

10. 장자의 아들이여, 이와 같이 다섯 가지 방법으로 고용주에게 보살핌을 받는 일꾼이나 고용인들도 다섯 가지 방법으로 고용주를 섬겨야 한다. ① 먼저 일어나고, ② 늦게 자고, ③ 주어진 것에 만족하고, ④ 일을 잘 처리하며, ⑤ 이름이 날리도록 하고 칭송을 해야 한다. 장자의 아들이여, 이와 같이 다섯 가지 방법으로 고용주에게 보살핌을 받는 일꾼이나 고용인들은 이와 같은 다섯 가지 방법으로 고용주를 섬겨야 한다.

11. 장자의 아들이여, 훌륭한 가문의 아들은 다섯 가지 방법으로 고귀한 쌍가를 잘 섬겨야 한다 ① 사랑과 연민의 담긴 몸으로 대하고, ② 사랑과 연민이 담긴 말을 하며, ③ 사랑과 연민이 담긴 마음으로 대하며, ④ 문을 열어 맞이하고, ⑤ 음식을 보시해야 한다.

22. 장자의 아들이여, 이와 같이 다섯 가지 방법으로 훌륭한 가문의 아들에게 섬김을 받은 고귀한 쌍가는 여섯 가지 방법으로 훌륭한 가문의 아들을 잘 보살펴야 한다. ① 나쁜 것으로부터 보호하고, ② 좋은 것에 물들게 하며, ③ 착한 마음으로 돌보아 주고, ④ 배우지 못한 것을 가르쳐 주며, ⑤ 이미 배운 것을 정화淨化시키고, ⑥ 천상으로 가는 길을 가르쳐 주어야 한다. 장자의 아들이여, 다섯 가지 방법으로 훌륭한 가문의 아들에게 섬김을 받는 수행자들이나 성직자들은 이와 같은 여섯 가지 방법으로 훌륭한 가문의 아들을 잘 보살펴 주어야 한다.

(20)

아침의 경

뿝반하 숫따 **Pubbaṇha sutta**

✴

**삼보에 귀의하게 되면 모든 불행한 상황을 여의고, 삼보와
천신들의 보살핌으로 안녕과 행복을 얻는다는 가르침을
담은 경입니다.**

|

1. 모든 나쁜 징조, 불행한 상황, 기분 나쁜 새들의 울음 소리, 불길한 별자리의 운세, 끔찍한 악몽이 붓다의 위대한 힘으로 모두 사라지게 하소서.

2. 모든 나쁜 징조, 불행한 상황, 기분 나쁜 새들의 울음 소리, 불길한 별자리의 운세, 끔찍한 악몽이 담마의 위대한 힘으로 모두 사라지게 하소서.

3. 모든 나쁜 징조, 불행한 상황, 기분 나쁜 새들의 울음

소리, 불길한 별자리의 운세, 끔찍한 악몽이 쌍가의 위대한 힘으로 모두 사라지게 하소서.

4. 세상에 존재하는 중생들이 괴로운 사람은 괴로움에서 벗어나고, 두려운 사람은 두려움에서 벗어나고, 슬픈 사람은 슬픔에서 벗어나게 하소서.

5. 이렇게 제가 공덕을 쌓아 성취한 것만큼, 중생들도 같은 공덕을 얻길 바라며, 천신들은 함께 기뻐하소서.

6. 삼보에 대한 믿음으로 아량을 베푸시고, 언제나 계율을 지키며, 수행을 닦고 즐기는 여기 모인 천신들께서는 물러가소서.

7. 모든 것을 깨달은 성자님들의 위대한 힘과 스스로 연기 법을 깨달은 성자님들과 고귀한 이들이 지켜 주시는 힘을 통하여 어디에 있더라도 그대들의 지켜 주심이 닿습니다.

8. 어떤 보물이라도, 이 세상이건 저 세상에건, 하늘나

라의 값비싼 보석이라도 여래如來에 견줄 만한 것은 없습니다. 붓다의 품 안에는 훌륭한 보배가 있으니 이러한 진실로 인하여 모두 행복하여지이다.

9. 어떤 보물이라도, 이 세상이건 저 세상에건, 하늘나라의 값비싼 보석이라도 여래에 견줄 만한 것은 없습니다. 담마의 품 안에는 훌륭한 보배가 있으니 이러한 진실로 인하여 모두 행복하여지이다.

10. 어떤 보물이라도, 이 세상이건 저 세상에건, 하늘나라의 값비싼 보석이라도 여래에 견줄 만한 것은 없습니다. 쌍가의 품 안에는 훌륭한 보배가 있으니 이러한 진실로 인하여 모두 행복하여지이다.

11. 모든 축복이 함께하고 모든 하늘 사람이 지켜 주소서. 붓다의 위대한 힘으로 우리에게 언제나 행복이 함께하여지이다.

12. 모든 축복이 함께하고 모든 하늘 사람이 지켜 주소서. 담마의 위대한 힘으로 우리에게 언제나 행복이

함께하여지이다.

13. 모든 축복이 함께하고 모든 하늘 사람이 지켜 주소서. 쌍가의 위대한 힘으로 우리에게 언제나 행복이 함께하여지이다.

14. 지극한 연민을 지니신 붓다께서 중생들의 이익을 위하여, 깨달음의 길을 완성하셨고 최상의 깨달음을 성취하셨으니, 이러한 진실로 말미암아 우리에게 언제나 행복이 함께하여지이다.

15. 샤카 족이 가장 사랑하는 붓다께서 보리수 아래에서 승리하셨으며, 이와 같은 승리가 함께하여 우리가 축복 가운데 승리하여지이다.

16. 가장 신성한 땅의 정상에 있으며, 져 본 적이 없는 수행 자리에서, 깨달은 임들에게 정수리에 물 부음灌頂을 받으시고 위없음을 성취하여 기뻐하셨습니다.

17. 거룩한 법회 날, 훌륭한 기념일, 기분 좋은 새벽, 상

쾌한 일어남, 으뜸가는 순간마다, 청정하신 쌍가에 기쁘게 보시하오니,

18. 몸의 행위身業로 축복을 가져오고, 입의 행위口業로 축복을 가져오고, 마음의 행위意業로 축복을 가져오는 유익한 것들을 굳게 맹세誓願하고, 유익한 것들을 실천하여, 유익한 축복을 함께 누릴지어다.

19. 이러한 유익함을 성취하여 붓다의 가르침 속에 안락하고, 성장하며, 친지들과 함께 질병을 여의고 행복하여지이다.

(21)
애써 공양하는 게송
웃딧싸나 아딧타나 가타 **Uddissanā ādhiṭṭnā gāthā**

✳

보시는 최상의 덕성을 지닙니다. 보시하는 사람이 바른 마음 깊은 생각으로 자신을 잘 단속하고, 지혜를 길러서 깨달음으로 회향하도록 가르쳐 주신 경입니다.

|

1. 이 공덕의 행위로 최상의 덕성을 지닌 수행하신 스승님들과 도움을 주신 스승님들, 그리고 사랑하는 어머니와 아버지,

2. 태양신, 달의 신, 왕들과 덕성이 있는 사람들, 하늘의 신들과 악마들, 제석천帝釋天들, 세상의 수호신들,

3. 염라왕과 그 벗들, 사람들과 직위가 없는 사람들, 그리고 적들과 생명 가진 존재들은 제가 지은 공덕으로

행복하소서.

4. 이와 같은 공양 공덕의 행위로 세 가지 행복이 갖추어지고 빨리 나쁜 것들이 사라질지어다.

5. 작은 생명이든 큰 생명이든 몸과 말로 마음으로 제가 잘못하여 죽인 것들이 진실로 하나둘이 아니오니,

6. 모두가 제가 지은 공덕을 함께 기뻐하며, 으뜸가는 과보果報를 얻기를 원하오니, 모든 원한에서 벗어나 저의 잘못을 용서하소서.

7. 도리천忉利天으로 잘 가기 위한 것이니, 몸과 말과 마음으로 제가 할 수 있는 어떤 착하고 건전한 행위든,

8. 아는 것知覺이 있는 존재든, 아는 것이 없는無知覺 존재든, 제가 지은 공덕의 과보를 생명 가진 존재들은 받아 주소서.

9. 제가 공덕의 과보를 나누어 준 그 행위를 잘 아시겠지

만, 그것에 대하여 알지 못하는 사람들에게는 하늘의 신들이 가서 알려 주소서.

10. 세상에서 생명 가진 존재들은 몸의 영양분을 원인으로 살아갑니다. 제가 정성껏 공양하오니 모두 기쁘게 공양을 받아 주소서.

11. 이러한 공양 공덕의 행위로 제가 또한 어려움 없이 빠르게 탐욕과 집착을 끊기를 원합니다.

12. 제가 닙바나를 성취할 때까지 제게 다가오는 나쁘고 하찮은 것들이 있다면, 그것들은 세세생생世世生生토록 언제나 사라지게 하소서.

13. 바른 마음과 알아차림, 지혜와 버리고 없애는 것과 닦아 나아가는 것으로 제가 정진할 때에 악마mārā가 기회를 얻거나 만들지 못하게 하소서.

14. 붓다는 으뜸으로 뛰어난 빛의 피난처이고, 담마는 가장 위없는 피난처이며, 연기법을 깨달은 임들과

쌍가는 저에게 가장 고귀한 피난처입니다.

15. 으뜸가는 빛의 힘으로 악마가 기회를 얻지 못하게 하소서. ① 보시, ② 지계, ③ 수행, ④ 겸손과 존경, ⑤ 봉사, ⑥ 죽은 이를 위한 공덕 회향, ⑦ 다른 이의 공덕을 따라 함께 기뻐함, ⑧ 법을 즐겨 들음, ⑨ 법을 잘 말해 줌, ⑩ 올바른 견해의 확립이라는 '열 가지 공덕'의 힘으로 악마가 기회를 얻지 못하게 하소서.

6.
먼저 가신 이亡者와 공덕재功德齋를 위한 경

(22)
죽음에 대한 주의 깊은 관찰
마라나 눗싸띠 Maraṇa nussati

(23)
담장 바깥에서의 경
띠로쿳다 숫타 Tirokuḍḍa sutta

(24)
죽음을 아는 지혜
마라낫 싸띠 나야 Maraṇa ssati naya

(25)
눈물의 경
앗쑤 숫따 Assu sutta

(26)
아라까 경
아라까 숫따 Araka sutta

(27)
덧없음에 대한 알아차림

아닛짜 아눗싸띠 Aniccā anussati

(28)
산山의 비유 계송

빱바또 빠마 가타 Pabbato pama gāthā

(29)
고귀한 부귀富貴의 계송

아리야 다나 가타 Ariya dhana gāthā

(22)
죽음에 대한 주의 깊은 관찰
마라나 눗싸띠 Maraṇa nussati

✳

죽음은 누구에게나 확실하며 공평합니다. 죽음의 본질을 알게 되면 두려워하지 않게 됩니다. 죽음의 순간에도 자신을 바로 보게 하는 힘을 주는 게송입니다.

|

1. 모든 조건지어진 현상은 변한다. 생겨난 것은 항상 사라지는 것. 생겨나고 사라짐이 완전히 멈출 때 완전히 멈춤만이 진정한 즐거움이다.

2. 삶은 불확실하지만, 죽음은 확실하다. 우리는 반드시 죽음에 이르며 우리의 삶은 죽음으로 끝난다. 삶은 불확실하지만 죽음은 누구에게나 확실한 것인 줄 알아야 한다.

3. 머지않은 세월에 이 몸은 흙 위에 던져져 누이고 의식은 사라져 버릴 때, 이 몸은 썩은 나무토막보다도 소용이 없다네.

4. 이 세상에 올 때 초대받지 않고 왔으며, 이 세상을 떠날 때도 허락을 받지 않고 간다. 우리 모두 올 때처럼 돌아가는데 무엇을 슬퍼할 것인가?

5. '나는 자식이 있다.' '나는 부자다.' 하는 생각이 스스로 괴로움에 빠뜨린다. 이 몸도 나의 것이 아닌데, 하물며 자식과 재산이 있을 수 있겠는가?

(23)
담장 바깥에서의 경
띠로쿳다 숫따 Tirokuḍḍa sutta

✸

죽은 이를 위하여 울며 서운해 하거나 슬퍼하지 말고 떠난 이와의 깊은 정을 기억하면서 공덕을 지으면, 지은 공덕과 이익이 자신에게 돌아오는 것을 알게 하는 경입니다.

|

1. 그들이 벽 밖의 갈림길에 서 있다. 그들이 예전의 집으로 돌아와 문설주에 서 있다.

2. 충분한 음식과 음료가 마련되어 있지만, 살아서의 업으로 인해, 아무도 그들이 서 있는 담장을 기억하지 않는다.

3. 그러므로 죽은 친족들에게 동정을 느끼는 사람은, 때에 맞춰 쌍가에게 적절하고 깨끗한 음식을 공양하라,

"이 공양은 우리의 친족들을 위한 것이다. 이로써 우리의 친족들이 행복할지어다."라고 생각하면서.

4. 그러면 그곳에 모인 친족 영가들은, 충분한 음식과 음료를 고마워하며 축복해 준다. "우리가 이러한 공양을 받았으니, 우리의 후손들이 오래 살지어다. 우리가 이러한 공양으로 명예로워졌으니, 보시한 사람은 반드시 보답이 있을지어다!"

5. 그들의 세상에는 농사짓는 일도 없고, 소 떼를 모는 일도 없고, 장사하는 일도 없으며, 돈을 거래하는 일도 없다. 세상에서의 시간이 끝난 굶주린 영혼들은, 이 세상에서 주어지는 것으로 살아간다.

6. 산에 내린 비가 계곡으로 흘러내리듯, 이 세상에서 주어지는 것이 그와 같이 죽은 이들을 이익되게 한다.

7. 물이 가득한 강이 흘러서 큰 바다를 채우듯, 이 세상에서 주어지는 것이 그와 같이 죽은 이들을 이익되게 한다.

8. "그이가 나에게 주었다. 그이가 나를 위해서 행했다. 그들은 나의 친족이었고, 반려자였고, 친구였다."라고 생각하면서. 이렇게 과거에 있었던 일들을 기억하면서 죽은 이들에게 공양을 올려야 한다.

9. 눈물을 흘리는 일이나, 슬퍼하는 일이나, 그밖의 다른 비탄도 죽은 이들에게 아무런 소용이 없으니, 슬픔이 없기를 바란다면, 친족을 위하여 이렇게 공양하길 계속하라.

10. 그러나 이러한 보시를 할 때는, 훌륭하게 수행하는 쌍가에게 올려야 한다. 그것은 그들에게 오랜 시간에 올린 공양과 같다. 그러한 공양의 이익은 곧바로 돌아온다.

11. 이것이 친족인 죽은 이들에 대한 적절한 의무이니, 이를 행하면, 크나큰 공덕이 죽은 이들에게 주어진다. 또한 수행자들이 힘을 얻을 것이다. 이로 인해 그대가 얻는 공덕은 작은 것이 아니다.

(24)

죽음을 아는 지혜
마라낭 싸띠 나야 Maraṇa ssati naya

✳

삶은 불확실하고 죽음은 확실하다고 알려 주는 경으로, 임종하는 사람을 안정시켜 주는 가르침입니다. 죽음을 통하여 건전한 삶의 자세를 세우게 돕습니다.

|

1. 나의 삶은 견고하지 않으며, 나의 죽음은 견고하다. 나는 죽음을 피할 수 없으니, 나의 삶은 죽음을 끝으로 하며, 나의 삶은 불확실하지만 죽음은 확실한 것이다.

2. 생명 가진 존재들은 ① 업의 소유자이고, ② 업의 상속자이며, ③ 업을 근거母胎로 삼고, ④ 업을 친척으로 삼으며, ⑤ 업을 의지처로 삼아, 자신이 지은 선하거나 악한 행위業의 상속자가 된다.

3. 착한 업을 쌓으면 두 곳에서 즐거워하니, 이 세상에서도 즐거워하고, 저세상에서도 즐거워한다. '내가 착한 업을 지었다.'라고 기뻐하며 좋은 곳으로 가서 더욱더 기뻐한다.

4. 머지않아 이 몸은 쓸모없는 썩은 나무토막처럼 의식이 없이 버려진 채, 땅 위에 눕혀질 것이다.

5. 조건으로 형성된 것들은 진실로 영원하지 않으며 생겨나고 사라지는 것들이니, 생겨남과 사라짐들이 완전하게 소멸되는 것이야말로 진실한 즐거움이 된다.

(25)

눈물의 경

앗쑤 숫따 **Assu sutta**

✳

오랜 세월 윤회를 하면서 만나고 헤어지면서 흘린 눈물로 윤회의 괴로움을 적나라하게 나타낸 이 경은, 삶이란 결국 고달픈 여행이라고 가르칩니다.

|

1. 이와 같이 나는 들었습니다. 한때에 세존께서 사위성 기원정사에 계실 때였습니다.

2. 그때 세존께서 수행자比丘 bhikkhū에게 "수행자들이여"라고 부르셨습니다. 수행자들이 "세존이시여"라고 대답하자, 세존께서는 이와 같이 말씀을 시작하셨습니다.

3. 수행자들이여, 윤회saṁsāra는 시작한 곳을 모른다. 무

명avijjā에 덮인 중생들은 갈증에 애타게 물을 찾는 것과 같은 욕망渴愛 thṇhā에 묶이고 계속 이어받아 윤회하므로 그 최초의 시작은 알 수가 없노라.

4. 수행자들이여, 이와 같이 참으로 오랜 세월 동안 너희들은 괴로움을 겪었고 두려움과 어려움을 겪었으며 무덤을 계속 만들었노라.

5. 수행자들이여, 어떻게 생각하는가? 너희가 오랜 세월 계속 이어서 윤회하는 동안 사랑하지 않는 사람과 만나고, 사랑하는 사람과 헤어지면서, 소리쳐 울부짖으며 슬픔에 흘린 눈물이 양과 네 개의 큰 바다四海에 있는 물의 양 중에 어느 쪽이 더 많겠는가?

6. "세존이시여, 세존께서 말씀하신 가르침으로 미루어 본다면, 세존이시여, 저희가 오랜 세월 이어서 윤회하는 동안 사랑하지 않는 사람과 만나고, 사랑하는 사람과 헤어지면서 소리쳐 울부짖으며 슬픔에 흘린 눈물이 훨씬 더 많아 네 개의 큰 바닷물에 견줄 수 없을 것입니다."

7. 수행자들이여, 훌륭하구나, 수행자들이여, 훌륭하구나. 너희는 내가 말한 가르침을 제대로 알고 있구나.

8. 수행자들이여, 너희가 오랜 세월 이어서 윤회하는 동안 사랑하지 않는 사람과 만나고, 사랑하는 사람과 헤어지면서, 소리쳐 울부짖으며 슬픔에 흘린 눈물이 훨씬 더 많아서 네 개의 큰 바닷물에 견줄 수 없노라.

9. 수행자들이여, 너희는 오랜 세월 동안 그것도 참으로 수없이 많은 어머니의 죽음을 경험하였노라. 너희가 어머니의 죽음을 경험하는 동안 사랑하지 않는 사람과 만나고, 사랑하는 사람과 헤어지는 것 때문에 슬퍼서 소리쳐 울부짖으며 흘린 눈물이 훨씬 더 많아 네 개의 큰 바닷물에 견줄 수 없구나.

10. 수행자들이여, 너희는 오랜 세월 동안 그것도 참으로 수없이 많은 아버지의 죽음을 경험하였노라. 너희가 아버지의 죽음을 경험하는 동안 사랑하지 않는 사람과 만나고, 사랑하는 사람과 헤어지는 것 때문에 슬퍼서 소리쳐 울부짖으며 흘린 눈물이 훨씬 더

많아 네 개의 큰 바닷물에 견줄 수 없구나.

11. 수행자들이여, 너희는 오랜 세월 동안 그것도 참으로 수없이 많은 형제의 죽음을 경험하였노라. 너희가 형제의 죽음을 경험하는 동안 사랑하지 않는 사람과 만나고, 사랑하는 사람과 헤어지는 것 때문에 슬퍼서 소리쳐 울부짖으며 흘린 눈물이 훨씬 더 많아 네 개의 큰 바닷물에 견줄 수 없구나.

12. 수행자들이여, 너희가 오랜 세월 동안 그것도 참으로 수없이 많은 자매의 죽음을 경험하였노라. 너희가 자매의 죽음을 경험하는 동안 사랑하지 않는 사람과 만나고, 사랑하는 사람과 헤어지는 것 때문에 슬퍼서 소리쳐 울부짖으며 흘린 눈물이 훨씬 더 많아 네 개의 큰 바닷물에 견줄 수 없구나.

13. 수행자들이여, 너희가 오랜 세월 동안 그것도 참으로 수없이 많은 아들의 죽음을 경험하였노라. 너희가 아들의 죽음을 경험하는 동안 사랑하지 않는 사람과 만나고, 사랑하는 사람과 헤어지는 것 때문에

슬퍼서 소리쳐 울부짖으며 흘린 눈물이 훨씬 더 많아 네 개의 큰 바닷물에 견줄 수 없구나.

14. 수행자들이여, 너희는 오랜 세월 동안 그것도 참으로 수없이 많은 딸의 죽음을 경험하였노라. 너희가 딸의 죽음을 경험하는 동안 사랑하지 않는 사람과 만나고, 사랑하는 사람과 헤어지는 것 때문에 슬퍼서 소리쳐 울부짖으며 흘린 눈물이 훨씬 더 많아 네 개의 큰 바닷물에 견줄 수 없구나.

15. 수행자들이여, 너희는 오랜 세월 동안 그것도 참으로 수없이 많은 잘 아는 이들親知이 무너지고 사라지는 것을 경험하였노라. 너희가 잘 아는 이들의 무너지고 사라지는 것을 경험하는 동안 사랑하지 않는 사람과 만나고, 사랑하는 사람과 헤어지는 것 때문에 슬퍼서 소리쳐 울부짖으며 흘린 눈물이 훨씬 더 많아 네 개의 큰 바닷물에 견줄 수 없구나.

16. 수행자들이여, 너희는 오랜 세월 동안 그것도 참으로 수없이 많은 재산을 잃어버리고 사라지는 경험하

였노라. 너희가 수많은 재산을 잃어버리고 사라지는 일을 경험하는 동안 사랑하지 않는 사람과 만나고, 사랑하는 사람과 헤어지는 것 때문에 슬퍼서 소리쳐 울부짖으며 흘린 눈물이 훨씬 더 많아 네 개의 큰 바닷물에 견줄 수 없구나.

17. 수행자들이여, 너희가 오랜 세월 동안 그것도 참으로 수없이 많은 병듦의 비참함을 경험하였노라. 너희가 병듦의 비참함을 경험하는 동안 사랑하지 않는 사람과 만나고, 사랑하는 사람과 헤어지는 것 때문에 슬퍼서 소리쳐 울부짖으며 흘린 눈물이 훨씬 더 많아 네 개의 큰 바닷물에 견줄 수 없구나.

18. 그것은 무슨 까닭인가? 수행자들이여, 이 윤회는 시작한 곳을 모른다. 무명에 덮인 중생들은 심한 목마름에 애타게 물을 찾는 것과 같은 욕망渴愛 taṇhā에 묶이고 이어져 윤회하므로 그 최초의 시작은 알 수 없느니라.

19. 수행자들이여, 너희가 괴로움을 경험하고, 고통을

경험하였고 두려움과 어려움을 경험하였으며 무덤을 계속 만들었노라.

20. 수행자들이여, 그러나 이제 너희는 조건에서 만들어진 모든 것을 싫어하고, 떠나기에 충분하고, 사라지기에 충분하고, 해탈하기에 충분하노라.

(26)
아라까 경
아라까 숫따 Araka sutta

✱

삶은 영원하지 않고 죽음으로 끝납니다. 죽은 이의 청정한 삶을 찬탄하며 추모하도록 아라까에게 가르쳐 주신 경입니다.

|

1. 인간의 목숨은 짧아 한계가 있으며, 덧없고 고통도 많고 괴로움도 많으니, 이것을 지혜로 깨달아 착하고 건전하게 살아야 하며 청정한 삶을 살아야 하나니, 생명 가진 존재들은 죽음을 피하지 못하기 때문이다.

2. 풀 끝의 이슬 방울은 태양이 떠오르면 순식간에 오래지 않아 사라지듯, 이슬 방울처럼 사람의 목숨도 한계가 있어 덧없고 고통도 많고 괴로움도 많으니, 이것을 지혜로 깨달아 착하고 건전하게 살아야 하며 청정한

삶을 살아야 하나니, 생명 가진 존재들은 죽음을 피하지 못하기 때문이다.

3. 엄청난 비구름이 비를 내리면 생겨난 물거품이 오래지 않아 순식간에 사라지듯, 물거품처럼 사람의 목숨도 한계가 있어 덧없고 고통도 많고 괴로움도 많으니, 이것을 지혜로 깨달아 착하고 건전하게 살아야 하며 청정한 삶을 살아야 하나니, 생명 가진 존재들은 죽음을 피하지 못하기 때문이다.

4. 물 위에 막대기로 그은 줄이 오래지 않아 순식간에 사라지듯, 사람의 목숨도 한계가 있어 덧없고 고통도 많고 괴로움도 많으니, 이것을 지혜로 깨달아 착하고 건전하게 살아야 하며 청정한 삶을 살아야 하나니, 생명 가진 존재들은 죽음을 피하지 못하기 때문이다.

5. 산으로부터 나와 멀리 달리고 급히 흐르며 소용돌이치는 강은 아주 짧은 순간도 머물지 않고 흐르고 흘러가듯 이와 같이 산에서 시작한 급류처럼, 사람의 목숨도 한계가 있어 덧없고, 고통도 많고 괴로움도 많으

니, 이것을 지혜로 깨달아 착하고 건전하게 살아야 하며 청정한 삶을 살아야 하나니, 생명 가진 존재들은 죽음을 피하지 못하기 때문이다.

6. 힘센 사람이 혀끝에 침唾液을 모아서 힘들이지 않고 뱉어 버리듯, 뱉어진 침처럼 사람의 목숨도 한계가 있어 덧없고 고통도 많고 괴로움도 많으니, 이것을 지혜로 깨달아 착하고 건전하게 살아야 하며 청정한 삶을 살아야 하나니, 생명 가진 존재들은 죽음을 피하지 못하기 때문이다.

7. 대낮에 달구어진 무쇠솥에 작은 고기 조각을 던지면 순식간에 익어 버리듯, 작은 고기 조각처럼 사람의 목숨도 한계가 있어 덧없고 고통도 많고 괴로움도 많으니, 이것을 지혜로 깨달아 착하고 건전하게 살아야 하며 청정한 삶을 살아야 하나니, 생명 가진 존재들은 죽음을 피하지 못하기 때문이다.

8. 도살장에 끌려간 소가 발을 드는 순간 죽음이 눈앞에 있듯, 도살장에 끌려간 소처럼 사람의 목숨도 한계가

있어 덧없고 고통도 많고 괴로움도 많으니, 이것을 지혜로 깨달아 착하고 건전하게 살아야 하며 청정한 삶을 살아야 하나니, 생명 가진 존재들은 죽음을 피하지 못하기 때문이다.

(27)
덧없음에 대한 알아차림
아닛짜 아눗싸띠 **Aniccā anussati**

✻

**몸은 영원하지 않습니다. 우리는 죽음을 통하여 삶의 본질을
알게 됩니다. 죽음은 사라지는 것이 아니라 이어지는
삶의 다른 모습인 줄 알고 죽음을 있는 그대로 관찰하라고
가르치는 경입니다.**

|

1. 보라! 아름답게 꾸며진 이 몸뚱이를, 상처투성이로 서 있는 몸, 고통스럽고 망상으로 가득 찬 것을, 영원하지도 견고하지도 않구나.

2. 이 몸뚱이는 마침내 늙어 쇠약해지고, 질병의 소굴에서 쉽게 부서지고, 썩어가는 몸뚱이는 무너지고 사라지니, 삶은 죽음으로 끝나기 때문이다.

3. 참으로 가을에 버려진 호리병박들처럼 회백색 해골들이 나뒹구니, 그것들을 보고 누가 기뻐하겠는가?

4. 뼈로 만들어지고, 피와 살로 덧칠해진 몸뚱이, 여기에 늙음과 죽음과 자만自慢과 위선僞善이 감추어져 있노라.

5. 물거품을 보는 것처럼, 아지랑이를 보는 것처럼, 이 세상을 보는 사람을 저승사자는 보지 못하리라.

(28)

산(山)의 비유 게송

빱바또 빠마 가타 **Pabbato pama gāthā**

✳

큰 산이 사방을 에워싸듯, 늙음과 죽음이 중생들을 덮치면 아무도 피할 수 없으며, 죽음은 피하지 못하니, 불자들은 청정한 믿음을 갖고 살아야 한다고 가르쳐 주신 말씀입니다.

|

1. 하늘을 찌를 듯 크나큰 바위산이 사방을 짓이기며 완전히 에워싸듯, 늙음과 죽음이 중생들을 덮치는구나.

2. 왕족과 브라만과 평민과 노예와 청소부들, 누구도 예외 없이 늙음과 죽음은 모든 것을 부수어 버린다.

3. 그 앞에서는 코끼리 부대도, 전차 부대도, 보병 부대도 어쩔 수 없고, 또한 꾀를 내어 싸우거나 재물로 싸우더라도 승리할 수 없다.

4. 그러므로 자신을 위하여 이익이 되는 것을 살피는 지혜로운 사람은 붓다, 담마, 쌍가에 진실한 믿음을 가져야 한다.

5. 몸과 입과 마음으로 여법한 삶을 사는 사람만이 이 세상에서 사람들의 칭찬을 받으며 또한 나중에는 하늘나라에서 기쁨을 누리게 되리라.

✧

(29)
고귀한 부귀富貴의 게송
아리야 다나 가타 Ariya dhana gāthā

✱

삼보에 대하여 청정한 믿음과 계를 지키고, 통찰 지혜를
얻는 것이 가장 부귀하고 보람된 삶임을 알려 주는
경입니다.

|

1. 여래에 대하여 흔들리지 않은 **확신**이 잘 세워지고 고귀한 임들이 사랑하고 칭찬하는 다섯 가지 **계**五戒를 지키고

2. 쌍가에 대하여 청정한 **믿음**이 있어 올곧은 **알아차림**이 있다면, '그는 가난하지 않았다'고 말하노니 그의 삶은 헛되지 않으리라.

3. 그러므로 지혜로운 이라면 깨달음을 성취하신 고귀

한 스승님들의 가르침을 새기면서, 확신과 계를 지킴과 믿음을 갖추고 알아차림에 전념해야 하리라.

붓다 예경

제3부

공양 발원 供養 發願
Bhojana pūja

1. 붓다께 올립니다 佛供
2. 먼저 가신 이에게 공덕을 나눕니다 功德齋
3. 장례 葬禮를 위하여

1.
붓다께 올립니다 佛供
Buddhā bhojana pūja

1)
붓다 찬탄과 삼귀의

2)
붓다께 공양을 아룀

3)
붓다를 모심

4)
공양물을 올림

5)
공양 회향과 찬탄

6)
널리 공덕을 나눔

7)
축원

※

붓다께 올리는 모든 공양을 불공^{佛供}이라고 합니다. 공양은 불자의 의무입니다. 공양은 신심과 정성을 다하여 올리는 향, 꽃, 등, 차, 음식, 과일 등 무엇이든 붓다께 올리는 것을 말합니다. 공양물은 무엇이든 미리 준비해서 올리면 됩니다. 불공은 언제든지 마음을 내어 올릴 수 있습니다.

※

경문을 읽는 방법에는 '편문송^{片文誦}'과 '풍송^{諷誦}' '범음송^{梵音誦}'이 있습니다. '편문송'은 책을 읽듯 또박또박 읽는 것입니다. '풍송'은 염불하듯 읽으며, '범음송'은 원음대로 읽는 것을 말합니다. '인례^{引禮}'는 의식을 진행하는 사람을 말합니다.
예배하는 곳에 좌종^{坐鐘} 표시를 '◎'로 하였습니다. 인례가 예배할 때 좌종, 죽비^{竹篦} 등으로 한번 치면 됩니다.

※

경전을 독송할 때 '1) 붓다 찬탄과 삼귀의'를 했을 경우는 생략하고 '2) 붓다께 공양을 아룀'부터 진행해도 됩니다.

1)
붓다 찬탄과 삼귀의

인례(편문송) : 붓다를 찬탄하고 삼보에 귀의합시다.

함께(범음송) : 나모 따싸 바가와또 아라하또 쌈마 쌈붓다싸. 〔**3번**〕

[뜻풀이]
공양자(편문송) : 모든 번뇌로부터 떠나시고, 존귀하신 분, 공양을 받을 만한 분, 완전한 깨달음을 <u>스스로 이루신</u> 부처님께 예배합니다.

삼귀의 三歸依

함께(범음송) : 붓당 싸라낭 갓차미
담망 싸라낭 갓차미
쌍강 싸라낭 갓차미

두띠얌삐 붓당 싸라낭 갓차미

두띠얌뻬 담망 싸라낭 갓차미
두띠얌뻬 쌍강 싸라낭 갓차미

따띠얌뻬 붓당 싸라낭 갓차미
따띠얌뻬 담망 싸라낭 갓차미
따띠얌뻬 쌍강 싸라낭 갓차미

[뜻풀이]

공양자(편문송) : 저는 부처님께 귀의합니다.
저는 가르침에 귀의합니다.
저는 스님들께 귀의합니다.

두 번째로 저는 부처님께 귀의합니다.
두 번째로 저는 가르침에 귀의합니다.
두 번째로 저는 스님들께 귀의합니다.

세 번째로 저는 부처님께 귀의합니다.
세 번째로 저는 가르침에 귀의합니다.
세 번째로 저는 스님들께 귀의합니다.

**경전을 독송하면서 '붓다 찬탄과 삼귀의'를 미리 했을 경우에는
여기부터 진행해도 됩니다.**

2)
붓다께 공양을 아룀

인례(편문송) : 삼보를 예배하고 찬탄합시다.

인례(편문송) : 자비하신 붓다시여!
붓다께서는 참답고 깨끗한 진리의 세계로부터 크나큰 자비심을 일으켜 온 세상을 감싸십니다. 오늘 이 도량은 구름을 벗어난 달처럼 맑고 깨끗한 도량입니다.

함께(편문송) : 지극한 마음으로 갖가지 공양물을 올립니다. [1배 ◎]

3)
붓다를 모심

인례(풍송) : 마음을 다하여 청합니다. 대자대비를 근본

으로 삼으니 식량이 되어 중생들을 구호하고, 병든 사람에겐 어진 의사가 되어 주시며, 길 잃은 사람에겐 바른길로 인도합니다.

공양자(편문송) : 중생들을 평등하고 행복하게 하는 붓다시여,
"공양을 받아 주옵소서." [**3번 거듭하고 1배** ◎]

인례(풍송) : 붓다께서 중생들을 깨달음으로 인도하는 원력은 넓고도 커서 다함이 없고, 깨달음의 경지는 넓고 넓어 헤아리지 못합니다.

공양자(편문송) : 마음을 다하여 귀의하고 예배합니다.
[◎ **3번 치고 1배**]

4)
공양물을 올림

인례(풍송) : 향기로운 공양구를 마련하여 올리오니, 모든 공덕이 원만히 이루어지길 바라옵니다.

공양자(편문송) : 원하오니 붓다께서는 저의 공양을 받아 주소서.

향 공양

인례(편문송) : 향 공양을 올립니다.

공양자(편문송) : 온갖 번뇌와 거친 마음을 쉬게 향을 가장 높은 자리에 오르신 붓다께 공양합니다. 〔1배 ◎〕

꽃 공양

인례(편문송) : 꽃 공양을 올립니다.

공양자(편문송) : 갖가지 색깔과 향기 아름다운 꽃을 가장 높은 자리에 오르신 붓다께 공양합니다.〔1배 ◎〕

차 공양

인례(편문송) : 차 공양을 올립니다.

공양자(편문송) : 향기롭고 시원하며 맑고 달콤한 차를, 가장 높은 자리에 오르신 붓다께 공양합니다. 〔1배 ◎〕

음식 공양

인례(편문송) : 음식 공양을 올립니다.

공양자(편문송) : 늙은 어미가 어린 자식을 위해 상을 차리듯, 가장 높은 자리에 오르신 붓다께 공양합니다. 〔1배 ◎〕

과일 공양

인례(편문송) : 과일 공양을 올립니다.

공양자(편문송) : 향기와 감칠맛이 가득하며 신심과 지혜를 모아, 가장 높은 자리에 오르신 붓다께 공양합니다. 〔1배 ◎〕

5)
공양 회향과 찬탄

인례(편문송) : 다시 붓다께 올린 공양을 찬탄합시다.

공양자(편문송) : 원하오니 향기로운 이 공양을 온 법계에 두루하여 다함 없는 붓다께서 거두어 주소서. 신심으로 올린 공양, 착한 업을 늘게 하며, 바른 법에 오래도록 머물러서 삼보 은혜 갚게 하소서.

하늘 위나 하늘 아래 붓다 같으신 분 없고, 시방 세계를 다 보아도 견줄 수 없습니다. 세상에 붓다 같은 분 없사오니, 제가 일심으로 귀의하고 예배하나이다. 〔**1배** ◎〕

6)
널리 공덕을 나눔

인례(편문송) : 붓다께 공양한 공덕은 으뜸가는 복입니다. 더없이 높고 큰 공덕을 생명 있는 존재들에게 나누어 줍시다.

공양자(편문송) :
1. 생명 있는 존재들이 안락하고 행복하며, 괴로움과 재난에서 벗어나길 기원합니다.

2. 생명 있는 존재들이 하고자 하는 일이 뜻과 같이 이루어지길 기원합니다.

3. 생명 있는 존재들이 악한 마음과 미워하는 마음, 근심과 슬픔에서 벗어나길 기원합니다.

4. 생명 있는 존재들이 진정한 행복과 마음의 평온을 즐기길 기원합니다.

5. 생명 있는 존재들이 분노와 기만, 남을 해치려는 마음에서 벗어나, 남에게 해를 주고, 죽이려는 일에는 티끌만큼도 마음을 기울이지 않길 기원합니다.

6. 모두 순수한 마음을 지니고 자애와 선행에 마음 기

울이길 기원합니다.

7. 모두 남을 속이는 일과 야비한 마음 씀을 삼가길 기원합니다.

8. 남을 헐뜯는 말, 거친 말, 위협하는 말, 화나게 하는 말, 빈말, 쓸모없는 말하는 것을 삼가길 기원합니다.

9. 모두 진실하고, 유익하며, 의미 있고, 사랑스러우며, 자애로움을 표현하는, 듣기 좋은 말하길 기원합니다.

10. 생명 있는 존재들이 다른 이의 재산을 훔치는 일, 남의 행복을 파괴하는 일, 잘못된 생각을 지니는 일을 삼가길 기원합니다.

11. 잘못된 생각, 탐욕, 성내는 일에서 벗어나, 평화롭길 기원합니다.

12. 생명 있는 존재들이 풍요로우면서도 남에게 베푸

는 일에 솔선하고, 재일과 계율을 잘 지키며, 자신의 행위를 올바르게 다스리길 기원합니다.

13. 모두 마음 집중과 지혜를 닦아, 마음이 평화롭고, 몸과 마음이 건강하며 행복하길 기원합니다.

14. 모든 기원이 성취되길 간절히 발원합니다. 〔**1배** ◎〕

7)
축원

＊

아래 축원은 스님만 할 수 있습니다. 스님이 계시지 않을 때 공양을 올릴 경우는 본 예경집 253쪽의 제4부 '참회, 발원, 공덕' 중에서 적당한 회향문을 선택하여 읽거나, 스스로 발원을 세워 축원하면 됩니다.

스님(풍송) : 모든 번뇌로부터 떠나시고, 존귀하신 분, 공양을 받을 만한 분, 완전한 깨달음을 스스로 이루신 붓다시여,

저희에게는 다른 의지처가 없습니다. 삼보는 오직 저희의 의지처입니다. 이와 같은 믿음을 고백함으로 오늘 〔**법회 명칭, 공양 목적**〕 공양 올리는 불자에게 승리의 축복이 있을지어다.

윤회의 흐름에서 오늘에 이르기까지 몸과 입과 마음으로 지은 크고 작은 모든 허물을 참회합니다. 오늘 지은 모든 선업 공덕을 생명 있는 존재들에게 널리 회향하오니 두루 원만하기를 발원합니다. 〔**공양 불자 3배**〕

**공양 불자는 원하는 바를 미리 스님에게 말씀을 드리고,
스님은 불자의 발원에 따라 축복을 해 줍니다.**

스님(풍송) : 인연 있는 모든 이들과 생명 있는 존재들이, 몸과 마음이 고통에서 벗어나 평안하고 안락하며 행복하길 기원합니다. 진실하게 수행하여 깨달음을 이루며, 붓다의 가르침이 끊임없이 이어지길 간절히 발원합니다.

공양자(편문송) :

"모든 선업 공덕을
고르게, 고르게, 고르게 나누어 가지소서.
싸두 sādhu 善哉, 싸두, 싸두."

[**3번 거듭하고 1배** ◎]

2.
먼저 가신 이에게 공덕을 나눕니다 功德齋
Ñātipatti dāna pūja

1)

붓다 찬탄과 삼귀의

2)

먼저 가신 이 靈駕를 청함

3)

경전을 읽어 공덕을 더함

4)

공덕을 증명함

5)

먼저 가신 이 靈駕를 다시 청함

6) 먼저 가신 이에게 공덕을 나눔

7) 공덕 지음을 발원함

8) 먼저 가신 이를 돌려보냄

9) 회향

✻

불자들은 붓다의 가르침에 따라 죽은 이를 위하여 따로 음식 등 제물을 차리지 않습니다. 육신(肉身)이 소멸된 죽은 이들은 먹을 수 없기 때문입니다. 그러므로 가족들과 친지들이 모여 돌아가신 분의 공덕을 추모하며, 그 분을 위하여 경전을 읽고 붓다와 스님들에게 공양을 올리며, 공덕을 지어 나누어 드리는 추모의 시간으로 삼아야 합니다.

✻

죽은 이를 위한 공덕 회향 법회는 제사 날(忌日)이나, 49일, 100일 등 기념일이나 언제라도 마음을 내어 할 수 있습니다. 그러나 반드시 특정한 날짜에 맞추지 않아도 됩니다. 가족이 모두 참석할 수 있도록 당기거나 늦추어도 됩니다.

※

죽은 이를 '빨리어'로 나띠빳띠 Ñātipatti라고 합니다. 우리는 예로부터 영가靈駕라고 합니다. 죽은 이는 오고 감에 걸림이 없고, 머물지 않는 곳이 없기에 부르는 특별한 명칭입니다. 공덕재는 죽은 이를 위하여 붓다, 담마, 쌍가에게 으뜸가는 복을 지어 나누며回向, 감사하고 기억하는 법회입니다. 죽은 이의 이름位牌이나 사진 등을 불단佛壇을 향하여 스님들 앞에 놓고, 가족과 친지들이 주위에 앉습니다.

※

읽는 방법에는 '편문송片文誦'과 '풍송諷誦' '범음송梵音誦'이 있습니다. '편문송'은 책을 읽듯 또박또박 읽는 것입니다. '풍송'은 염불하듯 읽으며, '범음송'은 원음대로 읽는 것을 말합니다. '인례引禮'는 의식을 진행하는 사람을 말합니다.

1)
붓다 찬탄과 삼귀의

인례(편문송) : 붓다를 찬탄하고 삼보에 귀의합시다.

함께(범음송) : "나모 따싸 바가와또 아라하또 쌈마 쌈붓다싸." [3번]

[뜻풀이]
재자(편문송) : 모든 번뇌로부터 떠나시고, 존귀하신 분, 공양을 받을 만한 분, 완전한 깨달음을 스스로 이루신 부처님께 예배합니다.

삼귀의 三歸依

함께(범음송) : 붓당 싸라낭 갓차미
담망 싸라낭 갓차미
쌍강 싸라낭 갓차미

두띠얌삐 붓당 싸라낭 갓차미

두띠얌삐 담망 싸라낭 갓차미
두띠얌삐 쌍강 싸라낭 갓차미

따띠얌삐 붓당 싸라낭 갓차미
따띠얌삐 담망 싸라낭 갓차미
따띠얌삐 쌍강 싸라낭 갓차미

[뜻풀이]

재자(편문송) : 저는 부처님께 귀의합니다.
저는 가르침에 귀의합니다.
저는 스님들께 귀의합니다.

두 번째로 저는 부처님께 귀의합니다.
두 번째로 저는 가르침에 귀의합니다.
두 번째로 저는 스님들께 귀의합니다.

세 번째로 저는 부처님께 귀의합니다.
세 번째로 저는 가르침에 귀의합니다.
세 번째로 저는 스님들께 귀의합니다.

2)
먼저 가신 이靈駕를 청함

인례(편문송) : 이 도량은 구름을 벗어난 달처럼 맑고 깨끗한 도량입니다. 오늘 윤회의 고통에서 벗어나고자 공덕을 닦는 (주소) _____ 행효 _____이 먼저 가신 _____ 영가를 청하오니 공양을 받으소서.

3)
경전을 읽어 공덕을 더함

인례(편문송) : 마음은 본래 맑고 고요하여 과거와 미래가 없습니다. 먼저 가신 _____ 영가여, 영가를 위하여 지극한 마음으로 붓다의 말씀을 가족들이 입 모아 읽으니 자세히 들어야 합니다.

예경집 157쪽 제6부의 경전들을 시간에 맞추어 함께 읽습니다.

4)
공덕을 증명함

인례(편문송) : 오늘 공덕 회향 법회를 원만하게 성취하기 위하여 고귀한 쌍가를 청해야 합니다.

재자(편문송) : 지극한 마음으로 청합니다. 사쌍四雙 팔배八輩의 성자들이시여, 바라옵건대 자비를 드리우사, 이 법단에 오셔서 공덕 회향 불자의 간절한 소원이 이루어지도록 하소서.

5)
먼저 가신 이靈駕를 다시 청함

인례(풍송) : 오랜 세월 인연 맺은 _____이 청하는 먼저 가신 _____ 영가여, 가족들이 정중히 청합니다.

재자(편문송) : 마음을 다하여 영가님을 청합니다. 본래 맑고 고요한데 오고 감에 무슨 어려움이 있겠습니까? 잠시 법단에 오셔서 공양을 받으소서.

인례(풍송) : 법단에 오신, 먼저 가신 _____ 영가여! 편안히 자리에 앉으소서. 유족들이 다 같이 자리에 앉길 권합니다.

재자(편문송) : 가르침에 따라 법단을 마련하고, 진리의 말씀을 알려드렸습니다. 이제 영가께서는 자리에 앉으시어 공양을 받으소서.

6)
먼저 가신 이에게 공덕을 나눔

인례(풍송) : 먼저 가신 _____ 영가여, 이제 가족들이 정성을 다하여 붓다께 올린 공덕을 나누어 받을 차례입니다. 한순간도 놓치지 마시고 가족들이 지은 공덕을 나누어 받으십시오.
크나큰 열매를 거두는 곳에 기쁜 마음으로 공덕을 지어야 합니다. 공덕은 저세상에서 중생들에게 의지처가 되기 때문입니다.

재자(편문송) : 영가시여,

1. 향 공양을 받으시고 여러 생에 덮어 뒀던 참모습을 찾으소서.
 등 공양을 받으시고 법계의 어두운 거리를 환하게 비추소서.
 차 공양을 받으시고 여러 생에 시달린 윤회의 갈증에서 벗어나소서.
 과일 공양을 받으시고 향기로운 붓다의 가르침에 진실한 맛을 깨치소서.
 음식 공양을 받으시고 굶주림에서 벗어나 법의 즐거움과 삼매의 기쁨을 느끼소서.
 꽃 공양을 받으시고 거룩하신 인연 법을 깨닫도록 하소서.

2. 영가시여! 오늘의 여러 가지 공양은 하늘에서 온 것도 아니요. 땅에서 솟은 것도 아니요.
 오직 가신 임께서 인연 깊은 가족들의 정성 어린 성의에서 우러난 것이오니 받아 주소서.

3. "바라옵건대 영가시여! 윤회를 면하소서." [3번]

인례(풍송) : 영가에게 공덕을 나눔으로 마음은 편안해지고, 업의 불씨를 다스려 삼독三毒:욕심,화냄,어리석음을 버리고 해탈해야 합니다.

재자(편문송) : 영가께서는 욕심과 성냄과 어리석음을 버리고 법의 공덕이 풍족하여지다. 영가께서는 번뇌에서 벗어나 닙바나nibbāna 깨달음의 즐거움을 누리소서.

인례(편문송) : 바라옵건대 이 공덕이 시방세계에 두루하여, 영가께서는 번뇌에서 벗어나 닙바나의 행복을 얻어지이다. 붓다의 특별하신 이름 열 가지를 함께 독송합시다.

함께(범음송) : "이띠 피 쏘 ① 바까와如來, ② 아라항應供, ③ 쌈마 쌈붓도正遍知, ④ 윗자 짜라나 쌈빤노明行足, ⑤ 쑤까또善逝, ⑥ 로까위두世間解, ⑦ 아눗따로無上士, ⑧ 뿌리싸 담마 싸라티調御丈夫, ⑨ 삿타 데와 마눗싸남天人師, ⑩ 붓도 바까와띠佛, 世尊." [3번]

I ti pi so ① bhagavā, ② arahaṁ, ③ sammasambuddho, ④ vijjā caraṇasampanno, ⑤ sugato, ⑥ lokavidū, ⑦ anuttaro, ⑧ purisa damma sārathi, ⑨ satthā devamanussānam, ⑩ buddho, bhagavāti.

[뜻풀이]

재자(편문송) : ① 이렇게 오신 분여래, ② 공양을 받을 만하신 분응공, ③ 올바르고 원만하게 깨달으신 분정변지, ④ 지혜와 덕행을 갖추신 분명행족, ⑤ 올바른 길을 가신 분선서, ⑥ 세상을 다 아시는 분세간해, ⑦ 가장 높은 자리에 오르신 분무상사, ⑧ 사람을 잘 길들이시는 분조어장부, ⑨ 하늘과 인간의 스승이신 분천인사, ⑩ 스스로 깨달으신 분으로 세상에서 존경받는 분불.세존입니다.

열 가지 이름 가진 붓다께 귀의합니다. 상호는 거룩하시고 자줏빛 금색紫金色 광명을 법의 세계法界에 두루 비추어, 원력 세워 중생을 제도하시니 크나큰 그 은혜는 헤아릴 수 없고, 항하恒河의 모래와 같은 붓다의 공덕은 끝이 없습니다.

인례(풍송) : 모든 것은 생겼다가 사라집니다. 이 법을 알고 마음을 닦으면, 반드시 깨달음을 이룰 것입니다.

모든 현상은 덧없어서 영원하지 않으니, 생겼다가 사라지곤 합니다. 생기고 사라지는 것도 없으면, 곧바로 닙바나nibbāna의 즐거움이 됩니다.

7)
공덕 지음을 발원함

인례(풍송) : 이 목숨 다하도록 붓다를 따르오리다. 마음은 언제나 붓다의 광명 속에 있고, 생각마다 붓다를 떠나지 않습니다. 세상을 살펴보니 평등하신 담마는 시방 세계에 가득합니다.
관대하고 인색을 버린 지혜로운 사람은 붓다, 담마, 쌍가에 때를 맞추어 보시하고 마음을 깨끗하게 하면 보시 공덕은 위 없이 크고 많은 것이 됩니다.

재자(편문송) : 바라옵건대 생명 가진 존재들이 다 함께 닙바나의 세계에 들어가서 미래가 다하도록 중생을 제도하고, 함께 깨닫길 발원합니다.
오늘 공양의 공덕으로 한순간에 업의 불길인 욕심과 성냄과 어리석음이 사라지고, 붓다, 담마, 쌍가에 귀의하면 생각마다 지혜롭고 곳곳마다 청정한 국토淨土입니다.

8)
먼저 가신 이를 돌려보냄

인례(편문송) : 영가여, 이 법단에서 공양을 받고, 고귀한 법문을 기쁘게 들었으니 이제 인연에 따라 천상 세계로 떠날 차례입니다.

이생에 살면서 못다한 미련과 정情과 원망恨은 털어 버리고 천상 세계 태어나 위 없는 즐거움을 누리옵소서. 그리고 남아 있는 가족들과 일가 친척, 친지, 모두가 건강하고 행복하도록 보살펴 주소서. 그들 모두가 붓다, 담마, 쌍가를 향한 신심이 더욱 돈독하여 항상 바르게 살도록 보살피소서.

인례(풍송) : 영가와 이 법단에 동참하신 외로운 혼령들을 보냅니다. 다른 날 다시 오늘 같은 법단을 세울 때, 본래 세운 서원 잊지 말고 찾아오소서. 허공 끝 아득한 길, 덧없는 미련을 버리면 청정한 국토淨土입니다.

영가를 전송합니다. 다른 날 다시 공덕 회향하는 법단을 세울 때 잊지 말고 찾아오소서.

재자(편문송) :

1. 제가 붓다의 가르침을 실천 수행하는 것으로써 붓다께 예배 올림을 대신합니다.
제가 붓다의 가르침을 실천 수행하는 것으로써 담마에 예배 올림을 대신합니다.
제가 붓다의 가르침을 실천 수행하는 것으로써 쌍가에 예배 올림을 대신합니다.

2. 제가 붓다의 가르침을 실천 수행하는 것으로써 늙음과 죽음에서 벗어나길 기원합니다.
제가 보시를 하여 모든 번뇌에서 벗어나길 기원합니다.
제가 이렇게 법문을 들은 공덕으로 도道 magga와 과果 phala의 진리를 성취하길 기원합니다.
제가 다섯 가지 계를 지킨 공덕으로 깨달음을 성취하길 기원합니다.
제가 이렇게 수행한 공덕을 중생에게 회향하나이다.

3. 생명 있는 존재들이 모든 원한에서 벗어나길 발원합니다.
생명 있는 존재들이 모든 악한 마음에서 벗어나길 발원합니다.
생명 있는 존재들이 모든 두려움에서 벗어나길 발원합니다.
생명 있는 존재들이 모든 고통에서 벗어나길 발원합니다.

4. 생명 있는 존재들이 모든 탐욕심에서 벗어나길 발원합니다.
생명 있는 존재들이 모든 화냄에서 벗어나길 발원합니다.
생명 있는 존재들이 모든 어리석음에서 벗어나길 발원합니다.

5. 생명 있는 존재들이 모든 질병에서 벗어나길 발원합니다.
생명 있는 존재들이 언제나 행복하고 평안하길 발원합니다.

9)
회향

인례(편문송) : 지극한 마음으로 공덕 법회를 올린 먼저 가신 _____ 영가여, 오늘 공양을 받고 마음속에 모든 꿈같은 인연을 다 버렸습니까? 꿈같은 인연을 모두 버렸다면, 곧바로 천상 세계에 왕생하시어 마음껏 법의 즐거움을 누리소서.

재자(편문송) :

1. 사바세계는 허공과 같으니, 진흙에서 핀 연꽃처럼 깨끗한 마음으로 고통의 바다에서 벗어나, 위없는 붓다와 거룩하신 담마와 청정하신 쌍가에 예배합니다.

2. 제가 지은 공덕을 영가님과 생명 있는 존재들에게 회향합니다. 제가 지은 공덕의 몫이 생명 가진 존재들에게 전해지며, 모든 재앙이 소멸하고, 모든 축복이 함께하며, 모든 하늘 사람들이 지켜 주며 언제나 저와 인연 있는 이들이 건강과 행복이 함께 할 것입

니다. 붓다, 담마, 쌍가와 영원토록 함께하소서.

3. "제가 지은 공덕을 먼저 가신 영가님에게 회향하오니 행복이 깃드소서."〔**3번**〕

함께(범음송) : "아니짜 와따 쌍카라
웁-빠다와야 담미노
웁-빠짓뜨와 니루잔띠
떼상 우빠사모 쑤코."〔**3번**〕

Aniccā vata saṅkhārā

uppādavaya dhammino

uppajjitva nirujjhani

tesaṁ vupasamo sukho

〔뜻풀이〕
함께(편문송) : 모든 조건의 형상은 허망한 것,
생겨난 것은 언제나 사라지는 것,
생겨나고 사라짐이 완전히 멈출 때,
완전히 멈춤만이 진실한 즐거움이다.

스님들에게 올릴 준비된 공양물이 있으면, 정성껏 올리고, 3배를 드린 다음 자리로 돌아옵니다.
공양을 마치면 준비된 공덕수를 따르며 축원문을 스님을 따라 함께 낭송합니다.

함께(편문송) :

"모든 선업 공덕을

고르게, 고르게, 고르게 나누어 가지소서.

싸두sādhu 善哉, 싸두, 싸두."

[3번 거듭하고 3배]

위패는 정해진 곳에서 태우고 사진 등은 가지고 갑니다.

3.
장례葬禮를 위하여
Matakiccā

(1)

염습斂襲과 시다림尸陀林 śitavana

(2)

영결식永訣式

(3)

화장火葬, 매장埋葬

(4)

산골散骨

(1)
염습敛襲과 시다림 尸陀林

1) 붓다 찬탄과 삼귀의

2) 가신 이靈駕를 청함

3) 가신 이의 공덕을 찬탄함

4) 추모의 게송偈頌

5) 붓다의 열 가지 공덕

6) 무상게無常偈를 읊음

✳

불자들은 먼저 가신 이를 위하여 스님을 청하여 경을 읽고 공덕을 지어야 합니다. 너무 많이 울거나, 너무 슬퍼하지 말아야 합니다. 경건하게 죽은 이의 공덕을 추모하며 세상의 미련을 버리고 천상 세계에 가길 발원해야 합니다.

✳

죽은 이를 위하여 공덕을 지어 나누는 것을 '공덕 회향'이라고 합니다. 가족들은 죽은 이를 위하여 준비한 공양물을 적당할 때 스님들에게 공양할 수 있습니다. 세상을 떠난 이를 49일까지는 '신원적新圓寂 ○ ○ ○ 영가'라고 부르고, 그 이후부터는 '망亡 ○ ○ ○ 영가'라고 부릅니다.

✳

시다림尸陀林만 할 때는 옆의 '1) 2) 3)'를 하고, 먼저 가신 이를 위해 예경집 157쪽 '6. 망자와 공덕재를 위한 경'들을 독송합니다. 끝낼 때는 '5) 6)'을 읽으면 됩니다. 시간과 장소에 따라 망자를 위한 오계 수계를 영결식에서 하지 않고, 염습에 앞서 하거나, 염습 후에 할 수도 있습니다.

1)
붓다 찬탄과 삼귀의

인례(편문송) : 붓다를 찬탄하고 삼보에 귀의합시다.

함께(범음송) : "나모 따싸 바가와또 아라하또 쌈마 쌈붓다싸."〔3번〕

[뜻풀이]
유족(편문송) : 모든 번뇌로부터 떠나시고, 존귀하신 분, 공양을 받을 만한 분, 완전한 깨달음을 스스로 이루신 부처님께 예배합니다.

삼귀의 三歸依

함께(범음송) : 붓당 싸라낭 갓차미
담망 싸라낭 갓차미
쌍강 싸라낭 갓차미

두띠얌삐 붓당 싸라낭 갓차미

두띠얌삐 담망 싸라낭 갓차미
두띠얌삐 쌍강 싸라낭 갓차미

따띠얌삐 붓당 싸라낭 갓차미
따띠얌삐 담망 싸라낭 갓차미
따띠얌삐 쌍강 싸라낭 갓차미

[뜻풀이]

유족(편문송) : 저는 부처님께 귀의합니다.
저는 가르침에 귀의합니다.
저는 스님들께 귀의합니다.

두 번째로 저는 부처님께 귀의합니다.
두 번째로 저는 가르침에 귀의합니다.
두 번째로 저는 스님들께 귀의합니다.

세 번째로 저는 부처님께 귀의합니다.
세 번째로 저는 가르침에 귀의합니다.
세 번째로 저는 스님들께 귀의합니다.

가신 이 靈駕를 청함

인례(풍송) : 먼저 가신 _____ 영가여! 세상과 인연이 다하여 몸과 마음이 무너져 천상 세계로 가는 길은 마치 우산을 받고 가는 것처럼 편안합니다. 남아 있는 가족들은 염려 마시고 천상 세계에 왕생往生하십시오.

인간의 몸이 무너져 왕생하실 영가여! 인연이 다하여 이제 작별해야 하는 피할 수 없는 운명을 생각하면 참으로 가슴 아픕니다. 여기에 모인 유족들과 윤회의 한 굴레에서 만났기에 슬픔을 누르며 마지막으로 먼저 가신 이에게 예를 올리고자 유족과 친지들이 법단法壇에 모였습니다. 옛 인연을 생각하여 생전의 모습처럼 이 법단으로 내려오소서.

3)
가신 이의 공덕을 찬탄함

인례(편문송) : 모두 먼저 가신 영가의 공덕을 찬탄합시다.

유족(편문송) : 먼저 가신 영가님이 천상 세계에 왕생하시길 이 자리에 모인 유족들이 발원합니다.

영가는 이생에 사람의 몸을 받아 이 땅을 환하게 비추셨습니다. 먼저 가신 이여! 사랑하는 가족들과 다정한 친지와 그리운 벗님들을 남겨두고 먼저 세상을 등지시다니 너무 가슴이 아픕니다.

먼저 가신 영가님! 이제 세상을 달리하셨으니 이것은 아무도 피할 수 없는 일입니다. 먼저 떠나가신 영가님을 생각하면 그리움은 달랠 길 없어, 우리 모두 내생에 다시 만나길 기약합니다.

찬란한 보름달 같은 먼저 가신 영가님! 우리 유족들은 먼저 가신 이와 살아서 함께한 시간을 생각하면 근심과 걱정 속에 떠나보내게 됨은 참으로 애석한 일입니다. 생전의 모습을 그리워하며, 고귀한 게송으로 최상의 예를 올립니다.

염습을 합니다. 염습을 마치고 이후를 독송합니다.

4)
추모의 게송 偈頌

인례(편문송) : 마음을 다하여 먼저 가신 영가를 추모하는 게송을 올립시다.

유족(편문송) : 아름다운 고향에 석양 노을이 어둑어둑 걸음을 재촉하며 산을 넘어갑니다. 윤회samsāra의 생生은 길고 길어 피곤하여라, 쉼 없이 가고 또 가니 끝은 멀어라.
연거푸 나고 죽고, 돌고 돌아, 욕심貪과 성냄嗔과 어리석음癡의 세 가지 독三毒의 어리석음無知에서 생겨나는 덧없는 인생.
업의 인연으로 만나고 헤어지며, 괴로움과 즐거움이 이어지네. 갖고 싶어도 갖지 못하고, 갖기 싫어도 가져야만 하니, 중생은 고통에서 허덕이네, 아! 이것이 삶이고 윤회라네.

✳

시간과 따라 경전을 선택하여 읽으면 됩니다.

5)
붓다의 열 가지 공덕

인례(편문송) : 붓다의 특별하신 이름 열 가지를 함께 독송한 공덕이 시방세계에 두루하여, 영가는 번뇌에서 벗어나 닙바나의 행복을 얻어지이다.

함께(범음송) : "이띠 피 쏘 ① 바까와^{如來}, ② 아라항^{應供}, ③ 쌈마 쌈붓도^{正遍知}, ④ 윗자 짜라나 쌈빤노^{明行足}, ⑤ 쑤까또^{善逝}, ⑥ 로까위두^{世間解}, ⑦ 아눗따로^{無上士}, ⑧ 뿌리싸 담마 싸라티^{調御丈夫}, ⑨ 삿타 데와 마눗싸남^{天人師}, ⑩ 붓도 바까와띠^{佛, 世尊}." [3번]

I ti pi so ① bhagavā, ② arahaṁ, ③ sammasambuddho, ④ vijjā caraṇasampanno, ⑤ sugato, ⑥ lokavidū, ⑦ anuttaro, ⑧ purisa damma sārathi, ⑨ satthā devamanussānam, ⑩ buddho, bhagavāti.

[뜻풀이]

재자(편문송) : ① 이렇게 오신 분^{여래}, ② 공양을 받을 만하신 분^{응공}, ③ 올바르고 원만하게 깨달으신 분^{정변지},

④ 지혜와 덕행을 갖추신 분명행족, ⑤ 올바른 길을 가신 분선서, ⑥ 세상을 다 아시는 분세간해, ⑦ 가장 높은 자리에 오르신 분무상사, ⑧ 사람을 잘 길들이시는 분조어장부, ⑨ 하늘과 인간의 스승이신 분천인사, ⑩ 스스로 깨달으신 분으로 세상에서 존경받는 분불·세존입니다.

열 가지 이름 가진 붓다께 귀의합니다. 상호는 거룩하시고 자줏빛 금색紫金色 광명을 법의 세계法界에 두루 비추어, 원력 세워 중생을 제도하시니 크나큰 그 은혜는 헤아릴 수 없고, 항하恒河의 모래와 같은 붓다의 공덕은 끝이 없습니다.

인례(풍송) : 모든 것은 생겼다가 사라집니다. 이 법을 알고 마음을 닦으면, 반드시 깨달음을 이룰 것입니다. 모든 현상은 덧없어서 영원하지 않으니, 생겼다가 사라지곤 합니다. 생기고 사라지는 것도 없으면, 곧바로 닙바나nibbāna의 즐거움이 됩니다.

6)
무상게 無常偈를 읽음

인례(풍송) : 붓다께서 알려 주신 삶의 진리를 함께 읽습니다.

재자(편문송) : 바라옵건대 생명 가진 존재들이 다 함께 닙바나의 세계에 들어가서 미래가 다하도록 중생을 제도하고, 함께 깨닫길 발원합니다.
오늘 공양의 공덕으로 한순간에 업의 불길인 욕심과 성냄과 어리석음이 사라지고, 붓다, 담마, 쌍가에 귀의하면 생각마다 지혜롭고 곳곳마다 청정한 국토입니다.

함께(범음송) : "아니짜 와따 쌍카라
웁빠다와야 담미노
웁빠짓뜨와 니루잔띠
때상 우빠사모 쑤코." [3번]
Aniccā vata saṅkhārā
uppādavaya dhammino

uppajjitva nirujjhani

tesaṁ vupasamo sukho

[뜻풀이]

유족(편문송) : 모든 조건의 형상은 허무한 것,
생겨난 것生成은 언제나 사라지는 것消滅,
생겨나고 사라짐이 완전히 멈출 때,
완전히 멈춤만이 진실한 즐거움이다.

✧

시간과 따라 경전을 더 읽을 수도 있고 마칠 수도 있습니다.
염습 때 관 뚜껑을 닫기 전에 공덕수, 향, 꽃 등을 죽은 이遺體에게
뿌리고 예를 표하면 됩니다.

229
공양 발원 : 장례를 위하여

(2)
영결식 永訣式

1)

무상게 無常偈를 읽음

2)

먼저 가신 이에게 계 받는 공덕을 지음

3)

삼귀의와 오계 수계

4)

법문

5)

왕생 발원

6)

공양과 회향

✱

영결식은 스님을 모시고 진행합니다. 영결식장이 따로 있으면 그곳에서 차려진 대로 진행하면 됩니다. 그렇지 않을 경우, 적당한 장소에서 위패나 사진을 스님들을 향하도록 앞에 안치하고 유족들은 그 주위에 앉거나 서 있으면 됩니다. 영결식 때 스님들에게 올릴 공양물이 있으면 준비해 놓습니다.

✱

읽는 방법에는 '편문송片文誦'과 '풍송諷誦' '범음송梵音誦'이 있습니다. '편문송'은 책을 읽듯 또박또박 읽는 것입니다. '풍송'은 염불하듯 읽으며, '범음송'은 원음대로 읽는 것을 말합니다. '인례引禮'는 의식을 진행하는 사람을 말합니다. 만약 인례자가 없을 경우 법사 스님이 진행을 하면 됩니다.

1)
무상게 無常偈를 읽음

인례(편문송) : 붓다께서 알려 주신 삶의 진리를 함께 읽습니다.

함께(범음송) : "아니짜 와따 쌍카라
웁빠다와야 담미노
웁빠짓뜨와 니루잔띠
떼상 우빠사모 쑤코."〔3번〕
Aniccā vata saṅkhārā
uppādavaya dhammino
uppajjitva nirujjhani
tesaṁ vupasamo sukho

〔뜻풀이〕

유족(편문송) : 모든 조건의 형상은 허무한 것,
생겨난 것 生成은 언제나 사라지는 것 消滅,
생겨나고 사라짐이 완전히 멈출 때,
완전히 멈춤만이 진실한 즐거움이다.

232

2)
먼저 가신 이에게 계 받는 공덕을 지음

인례(편문송) : 먼저 가신 _____ 영가는 오계를 받기 위하여 계사戒師를 청해야 합니다. 유족들이 가신 이에게 공덕을 회향하기 위하여 대신 해야 합니다.

✳

잠시 기다렸다가 법사가 법단에 오르면 이어서 합니다.

인례(편문송) : 스님께서 법좌에 오르셨으니 유족들이 먼저 가신 이를 대신해서 청해야 합니다.

유족(편문송) : 스님이시여! 청하옵나니, 영가가 생전에 몸과 입과 마음으로 지은 세 가지 업三業의 죄가 없어지도록, 세 가지 보배인 거룩하신 붓다와 위 없이 높은 담마와 청정하신 쌍가에 공경히 합장하여 귀의하고 예배하나이다. 〔**합장 반배**〕

법사(편문송) :

1. 착하도다. 삼보에 귀의한 공덕으로 지옥, 아귀, 축생, 수라의 네 가지 악한 곳과, 나쁜 시간에 태어남과 지옥 아귀 축생이라는 삼악취三惡趣에 떨어짐과 장애인이 되는 것과 삿된 소견에 떨어지는 네 가지 고난에서 벗어나 닙바나를 성취해야 합니다.

2. 먼저 가신 영가와 유족들은 잘 들어야 합니다. 인생이란 원하는 대로 갖고 싶어도 가질 수 없고, 원하지 않아도 가져야 합니다. 갖고 싶은 대로 가질 수도 없고, 갖기 싫어도 가져야 하는 것이 인생입니다. 붓다께서는 "모든 것은 항상 하지 않고, 모든 것은 괴로움의 연속이며, 모든 현상에 자아自我는 없다."라고 하셨습니다. 몸과 마음은 항상 변하며, 모든 것이 항상하지 않지만, 죽음만이 항상 존재할 뿐입니다.

3. _____ 영가는 사바세계와 인연이 다하였습니다. 지금 선업을 지은 _____ 영가는 내생에는 남자로 태어나 비구比丘가 되어, 훌륭하신 스승님들의 가르침을 받고 부지런히 정진하여 닙바나nibbāna;깨달음를 성취해서 늙음과 병듦과 죽음에서 벗어나소서,

4. _____ 영가는 삼귀의, 오계를 받기 위하여 이 법단으로 오셔야 합니다. 만약 오지 못하고 들을 수 없다면, 천신天神들은 _____ 영가를 이 법단으로 보내 주소서. 삼귀의, 오계란 다음과 같습니다. _____ 영가를 위하여 유족, 친지들이 대신 대답해야 합니다.

유족(편문송) : 예, 스님.

3)
삼귀의와 오계 수계

유족(편문송) : 용서하여 주십시오, 용서하여 주십시오, 용서하여 주십시오.

영가께서는 몸으로 지은 업, 입으로 지은 업, 마음으로 지은 업, 이 세 가지로 인한 모든 잘못을 참회하며 좋은 선업의 결과만 생겨서, 이러한 이익으로 먼저 가신 이가 왕생하길 발원하오니, 붓다 보배, 담마 보배, 쌍가 보배라는 세 가지 높고 귀한 보배와 오늘 스님께, 지극한 마음으로 두 손 모아 교만을 없애고 존경을 다

하여 합장하고 뵙습니다. [**합장 반배**]

유족(편문송) : 스님이시여! 영가를 위하여 삼귀의와 다섯 가지 계를 자비를 베푸시어 설해 주소서. 두 번째로 스님이시여! 영가를 위하여 삼귀의와 다섯 가지 계를 자비를 베푸시어 설해 주소서. 세 번째로 스님이시여! 영가를 위하여 삼귀의와 다섯 가지 계를 자비를 베푸시어 설해 주소서.

법사(편문송) : 내 말을 따라 해야 합니다. 그러나 영가는 듣지도 못하고 말할 수도 없으니, 유족 친지들이 먼저 가신 영가를 위하여 대신 공덕을 지어 드려야 합니다.

유족(편문송) : 예, 스님.

법사(범음송) : 나를 따라 하십시오.
"나모 따싸 바가와또 아라하또 쌈마 쌈붓다싸"[**3번**]

[뜻풀이]
유족(편문송) : 모든 번뇌로부터 떠나시고, 존귀하신 분,

공양을 받을 만한 분, 완전한 깨달음을 스스로 이루신
부처님께 예배합니다.

삼귀의 三歸依

법사(범음송) : 붓당 싸라낭 갓차미
담망 싸라낭 갓차미
쌍강 싸라낭 갓차미

두띠얌삐 붓당 싸라낭 갓차미
두띠얌삐 담망 싸라낭 갓차미
두띠얌삐 쌍강 싸라낭 갓차미

따띠얌삐 붓당 싸라낭 갓차미
따띠얌삐 담망 싸라낭 갓차미
따띠얌삐 쌍강 싸라낭 갓차미

[뜻풀이]
유족(편문송) : 저는 부처님께 귀의합니다.
저는 가르침에 귀의합니다.

저는 스님들께 귀의합니다.

두 번째로 저는 부처님께 귀의합니다.
두 번째로 저는 가르침에 귀의합니다.
두 번째로 저는 스님들께 귀의합니다.

세 번째로 저는 부처님께 귀의합니다.
세 번째로 저는 가르침에 귀의합니다.
세 번째로 저는 스님들께 귀의합니다.

오계 五戒

법사(범음송) : ① 빠나띠 빠따 웨라마니 씩카빠당 싸마디야미.
② 아딘나 다나 웨라마니 씩카빠당 싸마디야미.
③ 까메쑤 밋짜짜라 웨라마니 씩카빠당 싸마디야미.
④ 무싸와다 웨라마니 씩카빠당 싸마디야미.
⑤ 쑤라 메라야 메짜 빠마 다타나 웨라마니 씩카빠당 싸마디야미.

[뜻풀이]

유족(편문송) : ① 살아 있는 생명을 해치지 않는 계를 지키겠습니다.
② 다른 이의 물건을 훔치지 않는 계를 지키겠습니다.
③ 삿된 음행을 하지 않는 계를 지키겠습니다.
④ 거짓말을 하지 않는 계를 지키겠습니다.
⑤ 정신을 혼미하게 하는 약물이나 술을 먹지 않는 계를 지키겠습니다.

법사(편문송) : _____ 영가는 삼귀의와 다섯 가지 계를 철저하게 주의를 기울여 잘 지키겠습니까?

유족(편문송) : 예, 스님.

법사(편문송) : 계를 받는 공덕은 으뜸가는 공덕이니 생전의 지은 죄업을 참회하고, 유족들이 베푸는 공덕의 힘으로 다음 생에는 반드시 닙바나nibbāna를 성취할지어다.

유족(범음송) : 싸두Sādhu 善哉, 싸두, 싸두.

4)
법문

인례(편문송) : 법사 스님께 예를 올립니다. 모두 합장을 하고 반배를 세 번 해 주십시오. 〔**유족들은 합장 반배 3번**〕

✳

스님이 법문을 시간에 맞게 설하는 동안 유족들과 친지 등 참석 대중은 합장 반 배를 합니다. 시간이 허락하지 않으면 법문은 생략할 수 있습니다.

✳

유족이나 친지들이 애도사나 추모사 등을 준비했다면 법문이 끝난 다음 시간에 이어서 하면 됩니다.

5)
왕생 발원

인례(편문송) : 먼저 가신 _____ 영가를 위하여 가족들과 친지들, 인연 있는 이들은 왕생 발원을 합니다. 지극한 마음으로 듣고 생전의 악업을 참회하고 왕생을 돕도록 하십시오.

유족(편문송) : 세상에서 가장 존귀한 삼보에 귀의하신 영가시여! 영가의 천상 세계 왕생을 돕기 위하여 가족과 친지들, 인연 있는 이들, 사천 왕과 모든 하늘 사람들이 영가의 앞에 모였습니다. 영가께서 삼보에 귀의한 공덕으로 신들이 영가를 천상 세계에 인도할 것입니다.

영가께서 귀의하신 삼보의 충만한 공덕으로 찬란한 빛이 되어 인간, 천상, 아수라 세계까지 널리 퍼지도록 날마다 마음 깊이 염원하며 찬탄합니다.

인례(편문송) : 먼저 가신 영가여. 가족과 친지들의 발원을 잘 들었습니까? 이제 괴롭고 힘든 마음을 참고 가신 영가를 위하여 공덕을 더합니다. 잘 들어야 합니다.

유족(편문송) : 인간 세상을 지루히 여기고 천상 세계를 즐거워하신 영가여! 영가께서 운명하신 날부터 한순간도 편치 않습니다. 마치 어머니가 없는 어린아이처럼 마음이 괴롭기만 합니다.

만났다 헤어졌다 하는 도리는 알고 있습니다만, 영가

께서 운명하심에 견딜 수 없는 괴로움만 가득합니다. 영가시여! 생전의 모습처럼 인간 세상에 다시 오셔서 진리를 깨달아 중생들의 근심을 없애도록 법을 가르쳐 주소서.

6)
공양과 회향

인례(편문송) : 영결 법회를 회향합니다.

유족(편문송) : 영가의 왕생을 위하여 삼귀의와 오계를 대신 받았습니다. 우리도 언젠가 죽습니다. 이것은 자연스런 현상임을 마음속 깊이 간직합니다.
영가와 저희가 담마의 공덕으로 좋은 국토에 태어나 선업을 짓고 깨달음을 성취할 인연이 되길 발원합니다.
오늘 짓는 선업은 영가를 위하고, 시방세계의 중생들에게 회향하고자 합니다. 몸과 마음이 언제나 건강하고 행복하소서.

함께(편문송):

"모든 선업 공덕을
고르게, 고르게, 고르게 나누어 가지소서.
싸두 sādhu 善哉, 싸두, 싸두." 〔**3번**〕

(3)
화장火葬, 매장埋葬

---

1)

임시 안장安葬

2)

연화대蓮花臺 안치

3)

스님 착석

4)

기화起火, 하관下棺

5)

습골拾骨, 평토平土

1)
임시 안장 安葬

✲

화장장이나 매장지에 도착하여 임시로 관을 모셔 두는 것을 말합니다. 특별한 의식은 없으나 시간이 허락하면 간단하게 경전을 읽으면 됩니다.

2)
연화대 蓮花臺 안치

✲

화장장에서는 고로 高爐 앞에 관을 안치해 두는 과정, 매장지에서는 관을 광중 壙中 곁에 두는 과정을 말합니다.

3)
스님 착석

✲

의식을 집전할 수 있게 준비된 자리로 갑니다.

4)
기화起火, 하관下棺

※

화장장에서는 고로高爐**에서 기화하기 전에, 매장지에서는 관을 하관하기 전에 아래를 읽습니다.**

인례(풍송) : 덧없이 왔다가 덧없이 가는 중생들의 삶. 이 세상에 영원한 것은 없습니다. 항상 구하여도 구해지지 않는 불만족의 괴로움만 가득합니다. '나我'라는 존재는 어디에도 없건만, 허깨비와 같고 번갯불과 같은 존재를 '나我'라고 집착하여 윤회의 수레에서 돌고 돌다 가는 중생의 삶에서 벗어나소서.

인례(편문송) : 모두 먼저 가신 이를 위하여 붓다께서 가르쳐 주신 가르침을 기억해야 합니다.

함께(범음송) : "아니짜 와따 쌍카라 Aniccā vata saṅkhārā
웁빠다와야 담미노 uppādavaya dhammino
웁빠짓뜨와 니루잔띠 uppajjitva nirujjhani

떼상 우빠사모 쑤코 tesaṁ vupasamo sukho."[3번]

[뜻풀이]
유족(편문송) : 모든 조건의 형상은 허무한 것,
생겨난 것生成은 언제나 사라지는 것消滅,
생겨나고 사라짐이 완전히 멈출 때,
완전히 멈춤만이 진실한 즐거움이다.

5)
습골拾骨, **평토**平土

✳

습골은 화장을 끝내고 난 다음 타다 남은 뼛조각을 모으는
과정을 이르고, 평토는 시신을 땅에 묻고 봉분을 올리기
전에 평탄하게 다지는 일을 말합니다.
이 절차 중에는 특별한 의식이 없습니다. 시간이
허락한다면 망자를 추모하며 마음을 청정히 해 주는
경전을 간략하게 읽어도 좋습니다.

(4)
산골散骨

✳

산골은 화장 후에 수습한 뼛조각을 산이나 물 등에 뿌리는 일을 말합니다. 뿌리지 않고 매장이나 납골당에 안치할 경우에는 생략하며, 특별한 의식은 없습니다. 아래 무상계를 3번 읽으면 됩니다.

인례(편문송) : 바라옵건대 이 공덕이 시방세계에 두루 하여, 영가께서는 번뇌에서 벗어나 닙바나의 행복을 얻어 지이다. 붓다의 특별하신 이름 열 가지를 함께 독송합시다.

함께(범음송) : "이띠 피 쏘 ① 바까와^{如來}, ② 아라항^{應供}, ③ 쌈마 쌈붓도^{正遍知}, ④ 윗자 짜라나 쌈빤노^{明行足}, ⑤ 쑤까또^{善逝}, ⑥ 로까위두^{世間解}, ⑦ 아눗따로^{無上士}, ⑧ 뿌리싸 담마 싸라티^{調御丈夫}, ⑨ 삿타 데와 마눗싸남^{天人師}, ⑩ 붓도 바까와띠^{佛, 世尊}."〔3번〕

I ti pi so ① bhagavā, ② arahaṁ, ③ sammasambuddho, ④ vijjā caraṇasampanno, ⑤ sugato, ⑥ lokavidū, ⑦ anuttaro, ⑧ purisa damma sārathi, ⑨ satthā devamanussānaṁ, ⑩ buddho, bhagavāti.

〔뜻풀이〕

유족(편문송) : ① 이렇게 오신 분^{여래}, ② 공양을 받을 만하신 분^{응공}, ③ 올바르고 원만하게 깨달으신 분^{정변지}, ④ 지혜와 덕행을 갖추신 분^{명행족}, ⑤ 올바른 길을 가신 분^{선서}, ⑥ 세상을 다 아시는 분^{세간해}, ⑦ 가장 높은 자리에 오르신 분무상사, ⑧ 사람을 잘 길들이시는 분조어장부, ⑨ 하늘과 인간의 스승이신 분천인사, ⑩ 스스로 깨달으신 분으로 세상에서 존경받는 분불.세존입니다.

열 가지 이름 가진 붓다께 귀의합니다. 상호는 거룩하시고 자줏빛 금색紫金色 광명을 법의 세계法界에 두루 비추어, 원력 세워 중생을 제도하시니 크나큰 그 은혜는 헤아릴 수 없고, 항하恒河의 모래와 같은 붓다의 공덕은 끝이 없습니다.

인례(편문송) : 사바세계와 인연을 다하고 먼저 가신 이를 위하여 붓다께서 가르쳐 주신 가르침을 기억해야 합니다.

함께(범음송) : "아니짜 와따 쌍카라 Aniccā vata saṅkhārā
웁빠다와야 담미노 uppādavaya dhammino
웁빠짓뜨와 니루잔띠 uppajjitva nirujjhani
떼상 우빠사모 쑤코 tesaṁ vupasamo sukho." 〔**3번**〕

[뜻풀이]

유족(편문송) : 모든 조건의 형상은 허무한 것,
생겨난 것生成은 언제나 사라지는 것消滅,
생겨나고 사라짐이 완전히 멈출 때,
완전히 멈춤만이 진실한 즐거움이다.

함께(편문송) :
"모든 선업 공덕을
고르게, 고르게, 고르게 나누어 가지소서.
싸두sādhu 善哉, 싸두, 싸두." 〔3번〕

※

위패나 사진은 산골하는 곳이나 장지에서 태웁니다. 필요할 경우 가지고 갑니다.

※

죽은 이를 위하여 7일마다 또는 49일이 되는 날이나 가족들이 뜻을 모아 좋은 날에 공덕 회향 법회를 하는 것이 불자의 의무이자 예절입니다.

붓다 예경

제4부

발원 · 참회 · 회향
Khamatha Anumodanā Parisā

1. 존재들의 행복을 위한 기원 慈悲觀

2. 참회 게송

3. 공덕 발원문

4. 공덕 회향송

5. 법회 회향

1.
존재들의 행복을 위한 기원 慈悲觀
메따 바와나 **Mettā bhāvanā**

✳

팔리어 메따(Metta)는 자비 또는 사랑 선의, 동료애, 화합, 비폭력 등 다양한 의미를 포함합니다. 공통점은 다른 이들의 이익과 행복을 간절히 바라는 것입니다. 이기심에서 나온 사랑이 아니라, 다른 이들과 뭇 생명을 포용하는 메따를 키움으로써 분별 없고 보편적인 사랑에 이르게 됩니다.

|

1. 생명 있는 존재들이 안락하고 행복하며, 괴로움과 재난에서 벗어나길 기원합니다.

2. 생명 있는 존재들이 하고자 하는 일이 뜻과 같이 이루어지길 기원합니다.

3. 생명 있는 존재들이 악한 마음과 미워하는 마음, 근심

과 슬픔에서 벗어나길 기원합니다.

4. 생명 있는 존재들이 진정한 행복과 마음의 평온을 즐기길 기원합니다.

5. 생명 있는 존재들이 분노와 기만, 남을 해치려는 마음에서 벗어나, 남에게 해를 주고, 죽이려는 일에는 티끌만큼도 마음을 기울이지 않길 기원합니다.

6. 모두 순수한 마음을 지니고 자애와 선행에 마음 기울이길 기원합니다.

7. 모두 남을 속이는 일과 야비한 마음 씀을 삼가길 기원합니다.

8. 남을 헐뜯는 말, 거친 말, 위협하는 말, 화나게 하는 말, 빈말, 쓸모없는 말하는 것을 삼가길 기원합니다.

9. 모두 진실되고, 유익하며, 의미 있고, 사랑스러우며, 자애로움을 표현하는, 듣기 좋은 말하길 기원합니다.

10. 생명 있는 존재들이 다른 이의 재산을 훔치는 일, 남의 행복을 파괴하는 일, 잘못된 생각을 지니는 일을 삼가길 기원합니다.

11. 모두 잘못된 생각, 탐욕, 성내는 일에서 벗어나, 평화롭길 기원합니다.

12. 생명 있는 존재들이 풍요로우면서도 남에게 베푸는 일에 솔선하고, 재일과 계율을 잘 지키며, 자신의 행위를 올바르게 다스리길 기원합니다.

13. 모두 마음 집중과 지혜를 닦아, 마음이 평화롭고, 몸과 마음이 건강하며 행복하길 기원합니다.

14. 모든 기원이 성취되길 간절히 발원합니다.

2.
참회 게송
카마타 까타 **Khamatha gāthā**

(1)
수행 참회문
위리야 까마타 까타 Viriya khamatha gāthā

(2)
일상 참회문
까마타 까타 Khamatha gāthā

(1)
수행 참회문

위리야 까마타 까타 **Viriya khamatha gāthā**

1. 자비하고 거룩하신 붓다시여,
   제가 시작도 끝도 없는 윤회에서
   오늘에 이르기까지

2. 저보다 공덕과 법납이 뛰어나신
   큰스님들과 여러 스승님과 부모님,
   그리고 붓다와 벽지불 성인들께,

3. 신구의身口意 삼업三業으로 지은
   티끌보다 작은 허물 모두 참회하오니,

4. 자비 드리우사 저의 잘못을
   용서하여 주옵소서.

5. 자비 드리우사 저의 잘못을

용서하여 주옵소서.

4. 자비 드리우사 저의 잘못을
용서하여 주옵소서.

(2)
일상 참회문
까마타 까타 **Khamatha gāthā**

1. 큰 지혜를 지니신 붓다이시여!
   거룩하신 스승이시여!

2. 제가 몸과 말과 마음으로 지은 모든 잘못을
   참회합니다.

3.
공덕 발원문
뿐냐 아누모다나 까타 **Puññā anumodanā gāthā**

(1)
공덕을 함께 기뻐하고 나눔
뿐냐 아누모다나 Puññā anumodanā

(2)
원력을 굳게 세움誓願
빳타나 Patthanā

(1)
공덕을 함께 기뻐하고 나눔
뿐냐 아누모다나 **Puññā anumodanā**

1. 하늘에 살고 땅에 사는 신통력을 지닌 천신들과 용들은, 붓다의 공덕을 함께 기뻐하며 영원토록 이 세상에서 가르침을 보호하소서.

2. 금생이 비록 저의 마지막 생이라 할지라도 모든 장애가 사라지고, 훌륭하신 스승님들의 가르침을 받아 깨달음을 성취하길 바랍니다.

(2)
원력을 굳게 세움誓願

빳타나 **Patthanā**

1. 제가 지은 공덕으로,
   어리석은 사람들과 사귀지 않으며
   제가 닙바나를 성취할 때까지
   슬기로운 사람들을 사귈지어다.
   제때에 비가 내려서 수확은 풍성해지고
   세상은 평화롭고
   지도자는 정의롭기를 발원합니다

2. 괴로운 사람들은 행복하고
   두려운 사람들은 안심하며,
   슬픈 사람들은 슬픔에서 벗어나 기뻐하고
   생명 있는 존재들이 몸과 마음이 행복하여지이다.

✧

4.
공덕 회향송

웃딧싸나 딧타나 까타 **Uddissanā dhiṭṭhāna gāthā**

(1)
일상 회향문
딧타나 까타 dhiṭṭhāna gāthā

(2)
먼저 가신 이에게 공덕을 나누어 줌
냐띠 빳띠 다나 ñāti patti dāna

(1)
일상 회향문

딧타나 까타 **Dhiṭṭhāna gāthā**

1. 이와 같은 공덕행을 이루도록 도움을 준, 덕 높으신 스승님, 부모님, 그리고 친척들에게 회향합니다.

2. 성스러운 이들과 이 세상을 보호하는 존재들에게 회향합니다.

3. 친구들과 원수들에게 이르기까지 사람들에게 차별하지 않고 회향하오니, 저의 이같은 공덕행으로 생명 가진 존재들이 행복하기를 발원합니다.

4. 생명 가진 존재들에게 두루 이익되는 공덕 회향으로 생명 가진 존재들이 항상 행복하기를 발원합니다.

5. 사바세계에 대한, 심한 목마름에서 애타게 물을 찾는 듯한 욕망渴愛 taṇhā의 집착을 끊고 깨달음을 이루어 닙

바나를 성취할 때까지.

6. 맑은 마음과 올바른 알아차림, 큰 지혜와 청정한 노력으로, 모든 악업을 소멸시킬 수 있기를 발원합니다.

7. 이와 같은 저의 노력으로 어떠한 어려움도 감히 접근하지 않기를 발원합니다. 거룩하신 붓다는 저의 의지처입니다. 성스러운 담마는 저의 의지처입니다. 청정하신 쌍가는 저의 의지처입니다.

8. 이 같은 거룩한 삼보의 크나큰 힘으로 어떠한 어려움도 접근하지 않길 발원합니다.

(2)
먼저 가신 이에게 공덕을 나누어 줌
냐띠 빳띠 다나 **ñāti patti dāna**

1. 세상을 떠난 모든 나의 조상과 친척들에게도
   이 기쁨이 깃들도록 하소서.

2. 제가 얻은 이 공덕을 먼저 가신 임들에게 회향하오니
   세상을 떠난 님들에게 행복이 깃드소서.
   먼저 가신 인연 있는 모든 이들이여, 행복하소서.

3. "제가 얻은 이 공덕을 먼저 가신 이들에게 회향하오니 세상을 하직한 이들에게 행복이 깃드소서."〔**3번**〕

5.
법회 회향
담마 빠리싸 까타 Dhamma parisā gāthā

1)
자비 발원
멧따 아누모다나 Mettā anumodanā

2)
공덕 회향
뿐냐 딋타나 Puññā dhiṭṭhāna

3)
법회 서원
담마 빳타나 Dhamma patthanā

✳

법회를 끝낼 때마다 인례의 집전에 따라 합니다.
단락이 끝날 때 좌종坐鐘 **표시를 '◎'로 하였습니다. 인례는**
좌종, 죽비竹篦 **등으로 한번 쳐 주면 됩니다.**

1)
자비 발원

멧따 아누모다나 Mettā anumodanā

인례(편문송) : 모든 이웃을 위하여 자비행을 실천합시다.

함께(편문송) :

1. 제가 붓다의 가르침을 실천 수행하는 것으로써 붓다께 예배 올림을 대신합니다. 제가 붓다의 가르침을 실천 수행하는 것으로써 담마에 예배 올림을 대신합니다. 제가 붓다의 가르침을 실천 수행하는 것으로써 쌍가에 예배 올림을 대신합니다.

2. 제가 붓다의 가르침을 실천 수행하는 것으로써 늙음과 죽음에서 벗어나길 기원합니다.

3. 제가 보시하여 모든 번뇌에서 벗어나길 기원합니다. 제가 이렇게 법문을 들은 공덕으로 '도道 magga'와 '과果 phala'의 진리를 성취하길 기원합니다.

4. 제가 다섯 가지 계五戒를 지킨 공덕으로 깨달음을 성취하길 기원합니다. 제가 이렇게 수행한 공덕을 중생에게 회향하나이다.

5. 중생들이 모든 원한에서 벗어나길 기원합니다. 중생들이 악한 마음에서 벗어나길 기원합니다. 중생들이 모든 두려움에서 벗어나길 기원합니다. 중생들이 모든 고통에서 벗어나길 기원합니다.

6. 중생들이 모든 탐욕심에서 벗어나길 기원합니다. 중생들이 모든 화냄에서 벗어나길 기원합니다. 중생들이 모든 어리석음에서 벗어나길 기원합니다.

7. 중생들이 모든 질병에서 벗어나길 기원합니다. 중생들이 언제나 행복하고 평안하길 기원합니다. 〔◎〕

2)
공덕 회향

뿐냐 딧타나 Mettā anumodanā

인례(편문송) : 이 몸이 다할 때까지 깨달음을 이루기 위하여 물러나지 않는 원을 세워야 합니다.

함께(편문송) :

1. 오늘 법문을 듣고 수행한 높은 선업善業 공덕으로 편안한 행복을 얻었기에, 깨달음을 성취할 때까지 절대로 삿되고 어리석은 길 따르지 않고, 올바르고 지혜로운 길 걷겠으며, 수많은 생으로 돌고 도는 윤회의 고통과 모든 적대감과 모든 나쁜 것들을 만나지 말고 행복을 얻어지이다.

2. 네 가지 도道 magga와 네 가지 과果 phala를 깨닫기 위하여, 출세간법 아홉 가지九次第定에 적당한 수행을 하여, 거룩하신 붓다께 공양합니다. 위없이 높으신 담마에 공양합니다. 청정하신 쌍가에 공양합니다.〔◎〕

3)
법회 서원

담마 빳타나 Dhamma patthanā

인례(편문송) : 나누는 기쁨으로 자비 발원을 하였고, 수행을 위하여 물러나지 않는 서원을 세워야 합니다.

함께(편문송) :

1. 오늘의 수행이 계속 이어지길 서원하노니,

2. 제가 해탈을 구하면 곧바로 깨달음에 이르러서, 허무한 사바세계의 모든 욕망과 집착이 끊어지이다.

3. 제가 만약 다시 태어나 살아가는 동안 모든 악업을 없애고, 바른 마음, 깊은 생각, 참다운 지혜와 청정한 노력이 충만하여지이다.

4. 담마의 위 없는 힘과 저의 노력과 실천 수행하는 힘으로 어떠한 '마장魔障'도 제 가까이 오지 않길 기원합니다.

5. 붓다와 덕 높으신 스승님, 그리고 성스러운 쌍가의 힘으로 저의 마지막 탄생일지라도 마장이 절대로 접근하지 않길 기원하나이다.

6. "모든 선업 공덕을
　고르게, 고르게, 고르게 나누어 가지소서.
　싸두 sādhu 善哉, 싸두, 싸두." 〔**3번 거듭하고 3배** ◎〕

✧

붓다 예경

제5부

수계 受戒
Sīlayācana

1. 불자의 첫걸음 : 오계 五戒 수계
2. 포살 布薩을 위하여 : 팔계 八戒 수계

1.
불자의 첫걸음

오계五戒 수계 **Pańca sila yācana**

|

1)
처음 계를 받을 때

2)
일상적인 법회 때

✶

오계를 받아야 비로소 위대한 스승 붓다의 제자인
불자佛子가 됩니다. 그러므로 오계는 불자가 되기 위한
첫 입문 과정입니다. 오계를 받는 것은 불자로 다시
태어남을 의미합니다. 불자로서 믿음은 계를 받는 것으로
시작합니다. 계문은 간명하지만 반드시 계사 스님으로부터
여법하게 받아야 하므로, 수계라는 형식을 둡니다.

✶

다섯 가지 계율은 사회 생활의 기본 요소인 도덕을 지키며
바르게 살아가기 위한 내용으로 이루어집니다.
계는 받는 것도 중요하지만 지키는 것이 더욱 중요합니다.
항상 오계를 외워 일상에서 실천하도록 해야 합니다. 계를
지키면 삶은 풍요로워지며 남에게 비난받지 않는 생활을
할 수 있습니다.

✶

계를 받는 불자는 계사 스님께서 법좌法座에 앉으면 3배를
하고 시작합니다.

1)
처음 계를 받을 때

수계자(편문송) : 붓다시여! 거룩하십니다.
붓다시여! 거룩하십니다.
붓다께서는 뒤집힌 것을 바로 세우시는 것과 같고, 덮인 것을 벗겨 주시는 것과 같고, 어리석은 사람에게 길을 가르쳐 주시는 것과 같으며, 눈眼 있는 사람은 모양을 보라고 어둠 속에서 등불을 들어 올리는 것과 같습니다. 이같이 붓다께서는 여러 가지 방법으로 진리를 말씀하셨습니다.

붓다시여! 지금 제가 붓다께 귀의합니다. 담마에 귀의합니다. 쌍가에 귀의합니다. 저를 불자로 받아 주십시오. 오늘부터 목숨이 다할 때까지 귀의하겠습니다.〔3배〕

※

**다음부터는 평상시 법회 때 할 수 있습니다. 이미 계를
받았을지라도 불자들은 법회 때마다 계를 새로이 새깁니다.**

2)
일상적인 법회 때

수계자(편문송) :

1. 존경하는 스님이시여! 스님께서는 계, 정, 혜 삼덕三德을 원만하게 갖추셨으니, 제가 오계를 받을 수 있도록 친절하게 이끌어 주십시오. 마음을 다하여 스님께 예배를 올립니다.〔3배〕

2. 용서하여 주십시오, 용서하여 주십시오, 용서하여 주십시오.
몸으로 지은 업, 입으로 지은 업, 마음으로 지은 업, 이 세 가지로 인한 모든 허물이 사라져서, 병 없이 수명이 장수하고, 위험이나 원수가 없어지고, 좋은 선업의 결과만 생겨서, 이러한 이익으로 붓다 보배, 담마 보배, 쌍가 보배라는 높고 귀한 세 가지 보배와 오늘 스님께, 지극한 마음으로 두 손 모아 교만을 없애고 존경을 다해 합장하여 뵈옵고 예배를 올립니다.
〔1배〕

계사(편문송) : 예배 공경하는 이 선업 공덕으로 네 악처 四惡處 apāya와 허물이 있는 곳, 악업에서 벗어나서 머지 않아 이생에 네 가지 도道 magga와 과果 phala를, 그리고 마지막 궁극인 닙바나깨달음의 높은 법을 이룰 것입니다.

수계자(편문송) : 스님이시여! 제가 삼귀의와 다섯 가지 계를 받길 원하옵니다. 스님께서는 자비를 베푸시어 저에게 계를 설해 주십시오.
두 번째로 스님이시여! 제가 삼귀의와 다섯 가지 계를 받길 원하옵니다. 스님께서는 자비를 베푸시어 저에게 계를 설해 주십시오.
세 번째로 스님이시여! 제가 삼귀의와 다섯 가지 계를 받길 원하옵니다. 스님께서는 자비를 베푸시어 저에게 계를 설해 주십시오.

계사(편문송) : 붓다를 찬탄하고 삼보에 귀의해야 합니다. 내 말을 따라 하십시오.

수계자(편문송) : 예, 스님.

계사(범음송) : "나모 따싸 바가와또 아라하또 쌈마 쌈붓 다싸"〔3번〕

〔뜻풀이〕
수계자(편문송) : 모든 번뇌로부터 떠나시고, 존귀하신 분, 공양을 받을 만한 분, 완전한 깨달음을 스스로 이루신 부처님께 예배합니다.

삼귀의 三歸依

계사(범음송) : 붓당 싸라낭 갓차미
담망 싸라낭 갓차미
쌍강 싸라낭 갓차미

두띠얌삐 붓당 싸라낭 갓차미
두띠얌삐 담망 싸라낭 갓차미
두띠얌삐 쌍강 싸라낭 갓차미

따띠얌삐 붓당 싸라낭 갓차미
따띠얌삐 담망 싸라낭 갓차미

따띠얌삐 쌍강 싸라낭 갓차미

[뜻풀이]
수계자(편문송) : 저는 부처님께 귀의합니다.
저는 가르침에 귀의합니다.
저는 스님들께 귀의합니다.

두 번째로 저는 부처님께 귀의합니다.
두 번째로 저는 가르침에 귀의합니다.
두 번째로 저는 스님들께 귀의합니다.

세 번째로 저는 부처님께 귀의합니다.
세 번째로 저는 가르침에 귀의합니다.
세 번째로 저는 스님들께 귀의합니다.

오계 五戒

계사(범음송) : ① 빠나띠 빠따 웨라마니 씩카빠당 싸마디야미.
② 아딘나 다나 웨라마니 씩카빠당 싸마디야미.

③ 까메쑤 밋짜짜라 웨라마니 씩카빠당 싸마디야미.

④ 무싸와다 웨라마니 씩카빠당 싸마디야미.

⑤ 쑤라 메라야 메짜 빠마 다타나 웨라마니 씩카빠당 싸마디야미.

[뜻풀이]

수계자(편문송) : ① 살아 있는 생명을 해치지 않는 계를 지키겠습니다.

② 다른 이의 물건을 훔치지 않는 계를 지키겠습니다.

③ 삿된 음행을 하지 않는 계를 지키겠습니다.

④ 거짓말을 하지 않는 계를 지키겠습니다.

⑤ 정신을 혼미하게 하는 약물이나 술을 먹지 않는 계를 지키겠습니다.

계사(편문송) : 불자여! 삼귀의와 다섯 가지 계를 철저하게 주의를 기울여 잘 지키겠습니까?

수계자(편문송) : 예! 스님.

계사(편문송) : 그대가(들이) 비록 눈이 밝을지라도 장

님과 같이 행동하고,

그대가(들이) 비록 귀가 밝을지라도 귀머거리와 같이 행동하라.

그대가(들이) 비록 말을 잘할지라도 벙어리와 같이 행동하고,

그대가(들이) 비록 몸이 건강할지라도 허약한 환자와 같이 행동하라.

이 가르침대로 행동해야만 그대는(들은) 진리를 찾으리라.

이렇게 삼가고 잘 지킨 계의 공덕으로 반드시 닙바나 nibbāna 깨달음에 이를지어다.

수계자(범음송) : "싸두 sādhu 善哉, 싸두, 싸두."〔3배〕

불자가 스님께 직접 계를 받으면, 이제 세속 이름 대신 성스러운 '진리의 이름', 즉 법명 Dhamma nama 으로 불리게 됩니다.
이렇게 받은 자신의 법명과 뜻을 잘 기억하여, 다른 불자들에게 법명을 알려 주고, 대중은 수계자에게 "ㅇㅇㅇ 불자님, 축하합니다."하고 법명을 불러 줍니다.

2.
포살布薩을 위하여
팔계八戒 수계 Uposahta sīla yācana

✸

8계는 부처님께서 제정하신 재일(포살, Uposahta)인 음력 8일, 15일, 23일, 그믐날에 지키는 계입니다. 8계를 지키게 되면 뛰어난 공덕이 있으며, 수행자에게는 수행의 향상을 가져와 깨달음으로 인도하는 좋은 길잡이가 됩니다.

✸

8계는 수행자가 사원에 머물 때마다 반드시 받아 지켜야 합니다. 일상적인 수행자는 짧은 집중 수행을 하는 동안 받을 수 있습니다. 특별히 신심을 내어 스스로 기한을 정해 놓고, 정해 놓은 기간만 지킬 수도 있습니다.

✸

스님께서 법좌法座에 앉으면 3배를 하고 시작합니다.

수계자(편문송) :

1. 붓다시여! 거룩하십니다. 붓다시여! 거룩하십니다. 붓다께서는 뒤집힌 것을 바로 세우시는 것과 같고, 덮인 것을 벗겨 주시는 것과 같고, 어리석은 사람에게 길을 가르쳐 주시는 것과 같으며, 눈眼 있는 자는 모양을 보라고 어둠 속에서 등불을 들어 올리는 것과 같습니다. 이같이 붓다께서는 여러 가지 방법으로 진리를 말씀하셨습니다.

2. 붓다시여! 지금 제가 붓다께 귀의합니다. 담마에 귀의합니다. 쌍가에 귀의합니다. 저를 받아 주십시오. 오늘부터 목숨이 다할 때까지 믿고 의지하겠습니다.

3. 존경하는 스님이시여! 스님께서는 계, 정, 혜 삼덕을 원만하게 갖추셨으니, 제가 팔계를 받을 수 있도록 친절하게 이끌어 주십시오. 마음을 다하여 스님께 예배를 올립니다.〔3배〕

4. 용서하여 주십시오, 용서하여 주십시오, 용서하여

주십시오.

몸으로 지은 업, 입으로 지은 업, 마음으로 지은 업, 이 세 가지로 인한 모든 허물이 사라져서 병 없이 수명이 장수하고, 위험이나 원수가 없어지고, 좋은 선업의 결과만 생겨서, 이러한 이익으로 붓다 보배, 담마 보배, 쌍가 보배라는 세 가지 높고 귀한 보배와 오늘 스님께, 지극한 마음으로 두 손 모아 교만을 없애고 존경을 다하여 합장하여 뵈옵고 예배를 올립니다. 〔1배〕

계사(편문송) : 예배 공경하는 이 선업 공덕으로 네 악처 四惡處 apāya와 허물이 있는 곳, 악업에서 벗어나서 머지않아 이생에 네 가지 도道 magga와 과果 phala를, 그리고 마지막 궁극인 닙바나깨달음의 높은 법을 이룰 것입니다.

수계자(편문송) : 스님이시여! 제가 삼귀의와 여덟 가지 계를 받길 원하옵니다. 스님께서는 자비를 베푸시어 저에게 계를 설해 주십시오.

두 번째로 스님이시여! 제가 삼귀의와 여덟 가지 계를 받길 원하옵니다. 스님께서는 자비를 베푸시어 저에게 계를 설해 주십시오.
세 번째로 스님이시여! 제가 삼귀의와 여덟 가지 계를 받길 원하옵니다. 스님께서는 자비를 베푸시어 저에게 계를 설해 주십시오.

계사(편문송) : 붓다를 찬탄하고 삼보에 귀의해야 합니다. 내 말을 따라 하십시오.

수계자(편문송) : 예, 스님.

계사(범음송) : "나모 따싸 바가와또 아라하또 쌈마 쌈붓다싸"[3번]

[뜻풀이]
수계자(편문송) : 모든 번뇌로부터 떠나시고, 존귀하신 분, 공양을 받을 만한 분, 완전한 깨달음을 스스로 이루신 부처님께 예배합니다.

삼귀의 三歸依

계사(범음송) : 붓당 싸라낭 갓차미
담망 싸라낭 갓차미
쌍강 싸라낭 갓차미

두띠얌삐 붓당 싸라낭 갓차미
두띠얌삐 담망 싸라낭 갓차미
두띠얌삐 쌍강 싸라낭 갓차미

따띠얌삐 붓당 싸라낭 갓차미
따띠얌삐 담망 싸라낭 갓차미
따띠얌삐 쌍강 싸라낭 갓차미

[뜻풀이]
수계자(편문송) : 저는 부처님께 귀의합니다.
저는 가르침에 귀의합니다.
저는 스님들께 귀의합니다.

두 번째로 저는 부처님께 귀의합니다.

두 번째로 저는 가르침에 귀의합니다.
두 번째로 저는 스님들께 귀의합니다.

세 번째로 저는 부처님께 귀의합니다.
세 번째로 저는 가르침에 귀의합니다.
세 번째로 저는 스님들께 귀의합니다.

팔계 五戒

계사(범음송) : ① 빠나띠 빠따 웨라마니 씩카빠당 싸마디야미.
② 아딘나 다나 웨라마니 씩카빠당 싸마디야미.
③ 까메쑤 밋짜짜라 웨라마니 씩카빠당 싸마디야미.
④ 무싸와다 웨라마니 씩카빠당 싸마디야미.
⑤ 쑤라 메라야 메짜 빠마 다타나 웨라마니 씩카빠당 싸마디야미.
⑥ 위깔라 보자나 웨라마니 씩카빠당 싸마디야미.
⑦ 낫짜, 기따, 와디따, 위쑤카, 닷싸나, 말라간다, 위레빠나, 다라나 만다나, 위뿌싸나 타나, 웨라마니 씩카빠당 싸마디야미.

⑧ 우짜 싸야나 마하 싸야나 웨라마니 씩카빠당 싸마디야미.

[뜻풀이]

수계자(편문송) : ① 살아 있는 생명을 해치지 않는 계를 지키겠습니다.

② 다른 이의 물건을 훔치지 않는 계를 지키겠습니다.

③ 삿된 음행을 하지 않는 계를 지키겠습니다.

④ 거짓말을 하지 않는 계를 지키겠습니다.

⑤ 정신을 혼미하게 하는 약물이나 술을 먹지 않는 계를 지키겠습니다.

⑥ 12시 이후에는 음식을 먹지 않는 계를 지키겠습니다.

⑦ 노래하고, 춤추고, 악기를 연주하거나, 일부러 가서 보거나, 듣지 않으며, 꽃을 가지고 몸을 꾸미지도 않고, 몸에 향수나 화장품을 바르지 않는 계를 지키겠습니다.

⑧ 높고 넓은 화려한 침상에 앉지도, 눕지도 않는 계를 지키겠습니다.

계사(편문송) : 불자여! 삼귀의와 여덟 가지 계를 철저하게 주의를 기울여 잘 지키겠습니까?

수계자(편문송) : 예! 스님.

계사(편문송) : 그대가(들이) 비록 눈이 밝을지라도 장님과 같이 행동하고,
그대가(들이) 비록 귀가 밝을지라도 귀머거리와 같이 행동하라.
그대가(들이) 비록 말을 잘할지라도 벙어리와 같이 행동하고,
그대가(들이) 비록 몸이 건강할지라도 허약한 환자와 같이 행동하라.
이 가르침대로 행동해야만 그대는(들은) 진리를 찾으리라.
이렇게 삼가고 잘 지킨 지계의 공덕으로 반드시 닙바나nibbāna:깨달음에 이를지이다.

수계자(범음송) : "싸두sādhu 善哉, 싸두, 싸두."〔**3배**〕

붓다 예경

―

제6부

성지 순례 聖地 巡禮
Dhamma yatra

―

1. 성지 순례 법회
2. 불교 성지와 기념일

1.
성지 순례 법회
차내 법회 Dhamma yatra

1)
삼귀의와 오계
2)
경전 읽기
3)
깨달음을 위하여
4)
찬탄하고 발원함

✳

성지 순례는 거룩한 가르침을 더 가까이하고 실천하기 위하여 옛 자취를 찾아가는 것이지, 관광이나 여행이 아닙니다. 성지를 향하는 모든 걸음은 수행의 과정이 됩니다. 순례를 떠나는 불자는 여정을 통하여 자신의 믿음을 확인하고 새롭게 출발을 다짐하는 시간을 갖습니다.

✳

읽는 방법에는 '편문송片文誦'과 '풍송諷誦' '범음송梵音誦'이 있습니다. '편문송'은 책을 읽듯 또박또박 읽는 것입니다. '풍송'은 염불하듯 읽으며, '범음송'은 원음대로 읽는 것을 말합니다. '인례引禮'는 의식을 진행하는 사람을 말합니다. '함께'는 다 함께 읽는 부분이고, '순례자'는 인례를 제외한 순례자들이 읽는 부분입니다.

(1)
삼귀의와 오계

인례(편문송) : 안전한 성지 순례를 위하여 붓다를 찬탄하고 삼보에 귀의합시다.

함께(범음송) : "나모 따싸 바가와또 아라하또 쌈마 쌈붓다싸."〔**3번**〕

〔뜻풀이〕
함께(편문송) : 모든 번뇌로부터 떠나시고,
존귀하신 분, 공양을 받을 만한 분,
완전한 깨달음을 스스로 이루신
부처님께 예배합니다.

삼귀의 三歸依

함께(범음송) : 붓당 싸라낭 갓차미
담망 싸라낭 갓차미
쌍강 싸라낭 갓차미

두띠얌뻬 붓당 싸라낭 갓차미
두띠얌뻬 담망 싸라낭 갓차미
두띠얌뻬 쌍강 싸라낭 갓차미

따띠얌뻬 붓당 싸라낭 갓차미
따띠얌뻬 담망 싸라낭 갓차미
따띠얌뻬 쌍강 싸라낭 갓차미

[뜻풀이]

함께(편문송) : 저는 부처님께 귀의합니다.
저는 가르침에 귀의합니다.
저는 스님들께 귀의합니다.

두 번째로 저는 부처님께 귀의합니다.
두 번째로 저는 가르침에 귀의합니다.
두 번째로 저는 스님들께 귀의합니다.

세 번째로 저는 부처님께 귀의합니다.
세 번째로 저는 가르침에 귀의합니다.
세 번째로 저는 스님들께 귀의합니다.

오계 五戒

순례자(편문송) : 용서하여 주십시오, 용서하여 주십시오, 용서하여 주십시오.

몸으로 지은 업, 입으로 지은 업, 마음으로 지은 업, 이 세 가지로 인한 모든 허물이 사라져서, 병 없이 수명이 장수하고, 위험이나 원수가 없어지고, 좋은 선업의 결과만 생겨서, 이러한 이익으로 붓다 보배, 담마 보배, 쌍가 보배라는 높고 귀한 세 가지 보배와 오늘 스님께, 지극한 마음으로 두 손 모아 교만을 없애고 존경을 다하여 합장하여 뵈옵고 예배합니다.〔합장 반배〕

순례자(범음송) : ① 빠나띠 빠따 웨라마니 씩카빠당 싸마디야미.

② 아딘나 다나 웨라마니 씩카빠당 싸마디야미.

③ 까메쑤 밋짜짜라 웨라마니 씩카빠당 싸마디야미.

④ 무싸와다 웨라마니 씩카빠당 싸마디야미.

⑤ 쑤라 메라야 메짜 빠마 다타나 웨라마니 씩카빠당 싸마디야미.

[뜻풀이]

순례자(편문송) : ① 살아 있는 생명을 해치지 않는 계를 지키겠습니다.
② 다른 이의 물건을 훔치지 않는 계를 지키겠습니다.
③ 삿된 음행을 하지 않는 계를 지키겠습니다.
④ 거짓말을 하지 않는 계를 지키겠습니다.
⑤ 정신을 혼미하게 하는 약물이나 술을 먹지 않는 계를 지키겠습니다.

(2)
경전 읽기

인례(편문송) : 인연 있는 이들과 생명 있는 존재들을 위하여 붓다의 말씀을 독송합시다.

✱

시간에 맞추어 적절한 경전을 선택하여 함께 읽습니다.

(3)
깨달음을 위하여

인례(편문송) : 우리가 삼계의 고통에서 윤회하는 것이 마치 불난 집에 갇힌 것과 같은데 알지 못하니 불쌍한 일입니다.

순례자(편문송) : 어떻게 해야만 저희가 윤회의 고통에서 벗어날 수 있습니까?

인례(편문송) : 깨어 있는 마음으로 알아차림을 하여 '네 가지 거룩한 진리四聖諦'를 통하여, '여덟 가지 바른 길 八正道'로 들어가, '세 가지 법의 성품三法印'을 깨달아야 합니다.

순례자(편문송) : 어떻게 해야 붓다의 가르침을 알게 됩니까?

인례(편문송) : 붓다의 가르침은 멀리 있지 않습니다. 보시 공덕행으로 '세 가지 독三毒'을 없애고 '다섯 가지 계

五戒'를 지켜야 합니다. 세 가지 독과 다섯 가지 계가 무엇입니까?

순례자(편문송) : '세 가지 독'은 ① 헤아릴 수 없는 **욕심**貪 rāga과 ② 마음에 들지 않아 내는 **성냄**嗔 dosa과 ③ 지혜롭지 못하고 **어리석음**痴 moha이라는 독입니다. '다섯 가지 계'는 ① 살아 있는 생명을 죽이지 않고, ② 주지 않는 물건을 훔치지 않으며, ③ 삿된 음행을 하지 않고, ④ 거짓말을 하지 않으며, ⑤ 정신을 혼미하게 하는 약물이나 술을 먹지 않는 것입니다.

인례(편문송) : 무엇이 으뜸이 가는 공양입니까?

순례자(편문송) : 모든 공덕 가운데 항상 나누고 베푸는 **보시**布施 dāna입니다. 그 가운데 **삼보에 공양**하는 것이 으뜸이 됩니다. 삼보는 세상에서 으뜸가는 보배입니다. 우리를 윤회에서 벗어나게 해 주신 붓다가 보배이며, 깨달음의 길로 안내하는 담마가 보배이며, 법을 잘 가르쳐 주시는 쌍가가 보배입니다. 이처럼 삼보에 올리는 공양은 으뜸가는 공덕이 됩니다.

인례(편문송) : 삼보에 공양하는 공덕을 알았으면 반드시 실천하여야 합니다. 불자가 삼보에 공양하는 것은 최상의 복밭을 가꾸는 것으로 자신의 행복과 이익을 위한 것인 줄 알아야 합니다.

순례자(편문송) : 덧없이 일어나고 사라지는 원인과 결과의 법칙은 누구도 피할 수 없습니다. 일어나고 사라지는 윤회의 삶에서 벗어나고 싶습니다. '세 가지 법의 성품三法印'을 가르쳐 주십시오.

인례(편문송) : 세 가지 법의 성품은 다음과 같습니다. ① 세상에 모든 것은 영원하지 않습니다. 생겨난 모든 것은 반드시 사라지고 맙니다. 이것을 '**무상**無常 anicca'이라고 합니다. ② 중생이 살아가는 사바세계는 불만족으로 괴롭습니다. 이것이 '**고통**苦 dukkha'이라고 합니다. ③ 그리고 나我 attā라는 존재의 실체가 없으니 이것을 '**무아**無我 anattā'라고 합니다. 이 세 가지 법의 성품은 오직 수행을 통하여 있는 그대로 보아야 합니다.

순례자(편문송) : 윤회의 수레를 멈추는 길은 오직 붓다의 가르침에 따라 수행을 해야 합니다. 수행은 어떻게 해야 합니까?

인례(편문송) : 위대한 스승 붓다께서 일어나고 사라지는 몸과 마음의 현상에 집중하여 한순간도 놓치지 않고 **몸과 마음의 현상을 있는 그대로 알아차리라**고 가르쳐 주셨습니다.

순례자(편문송) : 일어나고 사라지는 법의 현상을 있는 그대로 보아, 윤회의 사슬을 끊어 버리고, 저희 모두 행복과 이익이 있는 닙바나nibbāna:깨달음를 성취할 것입니다.

(4)
찬탄하고 발원함

인례(편문송) : 오늘의 서원이 물러나지 않도록 찬탄하고 발원합니다.

순례자(편문송) : 오늘의 순례 법회가 처음부터 끝까지 안전하고 이익이 있기를 발원합니다. 비록 이름 없는 폐허의 성지라도, 고귀한 스님들과 신심 깊은 불자들의 원력으로 이루어졌음을 기억하겠습니다. 바른 수행과 바른 법을 전하기 위하여 노력하는 참다운 불자가 되겠습니다.

순례에 동참하지 못한 불자들, 인연 있는 이들, 생명 가진 존재들도 모두 두려움과 어려움에서 벗어나 이익과 행복이 있길 발원합니다. 오늘의 성지 순례가 삼보와 천신들의 보호로 아무 장애 없이 원만하게 이루어질 수 있도록 발원합니다.

함께(편문송) : "모든 선업 공덕을
 고르게, 고르게, 고르게 나누어 가지소서.
 싸두 sādhu 善哉, 싸두, 싸두." 〔3번〕

2.
불교 성지와 기념일

(1)

4대 성지 四大聖地: 靈場, 靈塔

(2)

8대 영장 八大聖地: 靈場, 靈塔

(3)

4대 정사 四大精舍: Saṅgharama, Vihara

(4)

근본 8탑 根本八塔: mūla dhātu stūpa

(5)

항아리甕탑과 재灰탑

(6)

붓다 사리탑을 이루는 다섯 가지

(7)

탑의 네 종류

(8)

붓다 기념일

✱

불교의 4대, 또는 8대 성지는 우리와 같은 인간으로서 삶을
살았던 붓다께서 실제로 태어나고 머물렀던 장소입니다.
불자는 이 성지들을 포함해 붓다와 인연 깊은 장소들을
순례해야 하는 의무가 있습니다. 그 장소들은 대부분
붓다가 돌아가신 후 세운 탑으로 표시가 남아 전합니다.
성지 순례는 위대한 스승 붓다의 발자취를 따라가며
붓다의 가르침을 실천하여 깨달음에 대한 확고한 신념을
새우고 복을 짓는 시간 여행을 말합니다.

(1)
4대 성지 四大聖地: 靈場, 靈塔

✸

4대 성지는 붓다 생애 속에서 가장 중요한 사건들이
일어난 네 곳을 일컫습니다. 신심이 있는 이들이 붓다 입멸
후 친견하지 못할 때 방문하여 그 사건들을 회상하도록
붓다께서 직접 언급하신 장소들입니다.

|

1. 탄생하신 곳誕生
룸비니 Lumbini
(네팔 룸비니)

2. 깨달음을 성취하신 곳成道
부다가야 Bodhgaya
(인도 비하르)

3. 처음 법을 펴신 곳 初轉法輪

사르나트 Saranath

(인도 우타르 프라데시)

4. 빠리 닙바나에 드신 곳 大般涅槃

쿠시나가르 Kushinagar

(인도 우타르 프라데시)

(2)

8대 영장 八大 聖地: 靈場, 靈塔

Attha-mahathanani

✸

여덟 곳의 신령스러운 장소를 뜻하는 8대 영장은 4대 성지에 붓다와 인연 깊은 4곳을 더한 것입니다. 주로 이적을 보이신 장소이기에 '영장靈場'이라고 합니다.

|

1. 탄생誕生 : 룸비니 Lumbini

카필라伽毘羅성 룸비니 동산은 붓다께서 탄생하신 곳

2. 성도成道 : 부다가야 Bodhgaya

마가다摩竭陀국 니련선尼連禪 강변의 보리수 아래 깨달음을 성취하신 곳

3. 초전법륜初轉法輪 : 사르나트 Saranath

카시迦尸국 바라나시 사슴 동산鹿野園에서 처음 제자에게 법을 펴신 곳

4. 신통을 나투신 도량現神通道場 : **슈라바스티** Sravasti
코살라拘薩羅국 사위성舍衛城 기원정사祇園精舍는 삼계에 충만한 신통을 보이신 곳

5. 천상하강 도량天上下降道場 : **산카샤** Sankasya
승가시僧迦施국 곡녀성曲女城은 붓다께서 도리천에서 하강하신 곳

6. 쌍가 화합 도량和合道場 : **라즈기르** Rajgir
마가다摩訶陀국 왕사성王舍城 죽림정사竹林精舍, 영취靈鷲山는 붓다께서 상가의 분열을 막으신 곳

7. 입멸 예고 도량入滅豫告道場 : **바이샬리** Vaishali
비사리毘舍離 광암성廣嚴城은 마지막 안거를 하며 여래의 수명을 생각하신 곳

8. 대반열반 도량大般涅槃道場 : **쿠시나가르** Kushi-nagar
구시라拘尸羅국 사라娑羅숲은 붓다가 열반에 드신 곳

(3)
4대 정사四大精舍

＊

초기 경전에는 붓다께서 머물며 수행하고 법을 펼친 장소들이 여럿 나옵니다. 그 가운데 붓다와 특별히 인연이 깊어 기억해야 하는 네 군데의 수행 도량은 다음과 같습니다.

|

1. 최초의 수행 도량

웰루바나Veluvana **죽림정사**竹林精舍

(인도 라즈기르)

2. 가장 오래 머무신 도량

제따바나Jetavana **기원정사**祇園精舍

(인도 슈라바스티)

3. 비구니를 제도하신 도량

마하바나 Mahāvana **대림정사** 大林精舍

(인도 바이샬리)

4. 여인이 지어 올린 최초의 정사

뿝빠라마 Pubbharama vihara 동원정사 東園精舍, **녹자모 강당** 鹿子母 講堂

(인도 슈라바스티)

◇

(4)
근본 8탑 根本八塔

mūla dhātu stūpa

✳

위대한 스승 붓다께서 80세를 일기로 쿠시나가라 사라나무 숲에서 세상을 떠나십니다. 붓다께서 세상을 떠난 다음 불자들이 화장을 했습니다. 당시 강대국이던 인근 7나라 왕들은 스승 붓다를 존경하고, 추모하기 위하여 타다 남은 유골인 사리를 장례를 주관한 말라족을 포함하여 8등분으로 나누었고, 이를 각자 자신의 나라로 가지고 가서 탑을 세웠습니다. 이때 처음 세운 탑들을 근본 8탑이라고 합니다.

|

1. 마가다국 Magadha에 아자타삿투왕 Ajatasatthu이 세운
라자그리하 탑 Rajagriha (인도 바이샬리)

2. 바이샬리 毗舍離에 릿차비족 Licchavī이 세운
바이샬리 탑 Vaiśālī (인도 비하르)

3\. 카필라바스투^{迦毗羅城}에 샤카족^{Sakka}이 세운
카필라바스투 탑 Kapilavastu (인도 피프라호와)

4\. 알라깝파^{Magadha}에 부리족^{Buli}이 세운
알라캇파 탑 Allakappa (위치 불명)

5\. 라마그라마^{Rāmagāha}에 콜리야족^{Koliya}이 세운
라마 탑 Rāmagrāma (네팔 파라시)

6\. 베타디파^{Vethadipa} 브라만들이 세운
베타디파 탑 Veṭhadīpa (위치 불명)

7\. 파바마을^{Pāva 波波}에 말라족^{Malla}이 세운
파바 탑 Pāvā (인도 파드라우나)

8\. 쿠시나가르^{Kuśīnagar}에 말라족이 세운
라마바르 탑 Ramabhar (인도 쿠시나가르)

(5)
항아리瓮탑과 재灰탑

mūla dhātu stūpa

✳

붓다의 사리를 서로 가져가기 위하여 왕들이 다투었을 때 현명한 도나Doṇa 브라만이 중재를 하여 공평하게 8등분으로 나눕니다. 도나 브라만은 사리를 8등분으로 배분한 다음 그 사리를 담았던 항아리를 가지고 가서 탑을 세웁니다. 뒤늦게 참석한 모리야족은 분배가 끝났기에 붓다를 화장한 곳에 가서 재를 쓸어 모아 탑을 세웁니다.

|

1. 도나 항아리 탑Doṇa's stupa
도나 브라만이 사리를 담았던 항아리瓮 탑 (위치 불명)

2. 핍발리바나Pipphalvana 모리야족Mauriyas이 세운
화장하고 남은 재灰 탑 (인도 바이샬리)

(6)
붓다 사리탑에 봉안한 다섯 가지

1. 생전의 신체의 일부를 모신 탑
날란다 Nalanda 那爛陀의 머리카락 탑 髮塔 (인도 비하르)

2. 생전에 쓰던 기물을 모신 탑
케사리아 Kesariya의 발우 탑 (인도 비하르)

3. 사리를 나누어 모신 탑
근본 8탑

4. 사리를 수습하고 남은 재를 모신 탑
모리야족의 재탑

5. 사리를 담았던 병을 안치한 탑
도나 브라만의 항아리 탑

(7)
탑의 네 종류

1. 다투 쩨띠 dhātu ceti

부처님의 **진신 사리**를 모신 탑

(근본 8탑)

2. 빠리보가 쩨띠 paribhoga ceti

부처님이 **생전에 사용하시던 물건**을 모신 탑

(케사리아 발우탑)

3. 웃디싸 쩨띠 uddisā ceti

불상을 안치한 탑

4. 담마 쩨띠 Dhamma ceti

경전을 모신 탑

(사르나트 다메크 탑 Dhamek Stupa)

✧

(8)
붓다 기념일

Buddha Jayanti

1)

초기 불교의 기념일

Vesak / Buddha Purnima

탄생, 출가, 성도, 열반 모두 동일하게

남방력 음력 2월 15일 (북방력 음력 4월 15일)

2)

북방 불교의 기념일

1. 탄생 : 음력 4월 8일

2. 출가 : 음력 2월 8일

3. 성도 : 음력 12월 8일

4. 열반 : 음력 2월 15일

✧

323
붓다 예경

324

Ciram tiṭṭbatu jorasim
Sammā Sambuddha Sasanaṃ

찌람 띳바뚜 조라씸
쌈마 쌈붓다 싸싸남

✻

이 세상에
부처님의 바른 가르침이
오래 머물기를

편찬 후기

여래향사에서 2007년에 『붓다 예경』을 낸 이후로 시간이 흘러 개정 증보판을 만들게 되었습니다. 『붓다 예경』은 삼보를 찬탄하고 예배하며 신심을 증장시키는 데 목적이 있습니다.

개정판 『붓다 예경』은 길운 불자가 돌아가신 아버님을 위하여 다시 제작하기를 발원하였습니다. 여기에 여래향사 불자들과 인도네시아 기원정사 불자들이 붓다의 바른 법이 오래도록 전해지길 발원하며 청정한 마음으로 동참하였습니다.

이 법 공양으로 먼저 가신 부모님과 친지, 인연 깊은 이들과 모든 존재들에게 고르게 공덕을 나누어 드립니다. 그리고 법 공양에 동참한 모든 이들이 몸과 마음이 고통에서 벗어나 행복하고 평온하며 원하는 일들이 뜻과 같